程序法依据充电宝

——三大诉讼程序规定条文理解与适用对照系列

民事诉讼程序
条文理解与适用对照

【一法二释】

宋云超　编著

中国检察出版社

图书在版编目（CIP）数据

民事诉讼程序条文理解与适用对照：一法二释 / 宋云超编著. —北京：中国检察出版社，2017.6

ISBN 978-7-5102-1903-0

Ⅰ.①民…　Ⅱ.①宋…　Ⅲ.①民事诉讼–诉讼程序–法律解释–中国　②民事诉讼–诉讼程序–法律适用–中国
Ⅳ.①D925.118.05

中国版本图书馆CIP数据核字（2017）第 111628 号

民事诉讼程序条文理解与适用对照：一法二释

宋云超　编著

出版发行：中国检察出版社

社　　址：北京市石景山区香山南路 109 号（100144）

网　　址：中国检察出版社（www.zgjccbs.com）

编辑电话：（010）86423707

发行电话：（010）86423726　86423727　86423728
　　　　　（010）86423730　68650016

经　　销：新华书店

印　　刷：北京朝阳印刷厂有限责任公司

开　　本：710 mm×960 mm　16 开

印　　张：14.75

字　　数：268千字

版　　次：2017 年 6 月第一版　　2017 年 6 月第一次印刷

书　　号：ISBN 978-7-5102-1903-0

定　　价：55.00 元

序

　　宋云超律师是个外粗内秀的东北人，是个脑瓜和嘴巴都挺好使的黑龙江人。四十多年前在"北大荒"下乡务农期间，我见识过这样的能人，当时就挺崇拜的。黑龙江是我人生的第二故乡。我对那片黑土地以及生长在那片黑土地上的人，都有一种特殊的情感。

　　宋云超出生于黑龙江省伊春市，据说是受了家族中长辈的影响，他选择了法律职业，在当地的公、检、法都有从业经历。后来，他做了律师，而且从伊春走到哈尔滨，成为鼎升律师事务所主任、一级律师，并兼任哈尔滨和宁波两地仲裁委员会的仲裁员，是一个颇有成就的法律人。2006年，我在最高人民检察院挂职担任渎职侵权检察厅副厅长期间，曾经到伊春市人民检察院调研。那天在我的办公室，宋律师谈到了伊春市人民检察院的一些老领导，其中也有我认识的人。

　　宋律师喜欢学习，善于钻研。这些年，他在从事律师实务之余，撰写发表了数十篇法学专业文章。颇值一提的是，他曾经在黑龙江大学伊春分校和伊春市中级人民法院的业余大学担任教师，还曾经到中国人民大学律师学院参加专业培训班。以此而论，他也可以算是我的同行和校友了。

　　正因为有了这些特殊的"关系"，所以当宋律师请我为他的新书作序时，我欣然应允了。

　　宋律师根据自己多年积累的司法实务经验和理论研习心得，结合当前我国司法改革中的实际需要，编写了这套《程序法依据充电宝——三大诉讼程序规定条文理解与适用对照系列》丛书，共三卷，即《民事诉讼程序条文理解与适用对照》、《行政行为规范与救济条文理解与适用对照》、《刑事诉讼程序条文理解与适用对照》。其中，《行政行为规范与救济条文理解与适用对照》一书充分体现了作者的专业之长，对司法实务人员很有教益。

　　中共十八届四中全会明确提出，全面推进依法治国的总目标是建设中国特色社会主义法治体系，建设社会主义法治国家。从2011年宣布"法律体系"已经形成到这次要建设"法治体系"，虽仅一字之差，但是表达了"法治"目标的提升。诚然，国人不能期望通过一次会议就能实现法治，但是这次会议有可能成为中国法治发展史中的一座里程碑。

　　推行法治有两个基本环节：其一是立法，其二是施法。无法律当然无法治，有法律也未必有法治。衡量一个国家的法治发展水平，最重要的标准不是立法，而是法律的实施；不是写在纸上的法律，而是落实在社会生活中的法律。当下中国法治发展所面临的主要问题不是法律不够用，而是法律不管用。无论是普通公民，还是政府官员，有法不依的现象相当普遍。因此，十八届四中全会确定的目标是建设"法治体系"，而且强调"法律的生命力在于实施"，要"实现科学立法、严格执法、公正司法、全民守法"。

　　中国要建成社会主义法治国家，需要官民协力，众志成城，特别需要法律人的贡献。宋律师以自己的方式，为法治贡献力量，值得称赞。

　　是为序。

中国人民大学法学教授、反腐败法治研究中心主任

何家弘

二〇一七年四月二十日

自　序

我理解的司法公正，是公平、及时地审结案件。

这里的审，从广义理解，既包括刑事范畴的侦查机关和检察机关的职务审查、律师的审查，也当然包括民事等范畴的审判职能工作；这里的结，既包括正常程序审理或执行完结，也包括依法驳回、不予受理等终结情形。

在我个人粗浅理解，实现和践行司法公正，当然以法官为主导，但是绝不仅仅是法官的“独角戏”。作为法官，尤其是员额制框架下的法官、检察官，准确理解、正确适用相关法律和司法解释，是确保实现和践行司法公正的重要保障。以事实为依据、以法律为准绳，尽管是老生常谈，但毕竟是公认的也是应当始终奉行的准则。客观的司法实际决定了，法官要查明的和能查明的仅仅是法律事实，更不要说许多时候法官要查明的对象还是当事人、诉讼参与人故意或者过失造成的真真假假、虚虚实实之“事实”。客观现实是，公检法人员、律师在学历背景、个人经历、价值观念等方面的差异和影响，其理解、适用相关法律和对应司法解释的角度、程度、限度、维度，都存在现实的区别。我国的法治现实情况是，无论是检察机关的监督，还是人大等的监督，抑或是律师以及媒体的监督，其监督局限和被期待的程度之间尚有差距。

现实且不可回避的问题是，许多司法实务工作者在理解法律和司法解释方面，客观上是需要借助一些权威解读、释义一类读物和培训的。对此，本书持支持立场。但是必须申明的是，任何事情总是利弊集于一身，真理的步伐过快同样会走向反面。法律和司法解释已经明确规定了的，在适用时是不容许掺杂学理和学派影响的。以事实为依据、以法律为准绳，是司法公正不可撼动的底线，现行法律和司法解释是法律适用的依据。一知半解和深谙，区别何止于天壤？对于法律中确实容易产生歧义或者言犹未尽的条文，以及确实需要司法实务部门延伸适用的情况，部分高级法院采取了制定指导意见的方式，或者权威法官集中讲解、个别指导和培训的方式，加以完善、弥补。这类现象的存在很客观，可以说是一个过程性质的问题。首先，对于法律和司法解释客观上存在的一定程度的共性问题，高级法院以指导意见方式解决，是应当肯定的，但是应当以不突破立法原意为底线；其次，对于条文在逐条和全篇的理解方面，最可靠的方式还是由法官个人熟读千遍为宜，有关培训、讲解、答疑，仅供参考、对照。解铃还须系铃人，如果广大公检法人员、律师都能自觉和准确理解、适用相关法律和司法解释，无疑司法公正的进程将会大受裨益。除理解环节外，还有一个与此紧密相关的实践运用环节。理解精准、到位了，适用方面不会出现太大问题。我本人倾向主张，在具体案件的法律适用方面，为了准确、正确的目标，需要对个案进行推敲和研究，以便找准对接点；为了保持个案的客观"个性"，也应当允许法官、检察官有限度地"个性发挥"，把握好适用的方向。唯有如此，才能伴随时间流逝而提高审判水平。

法官与诉讼参与人在适用法律面前，多数时候是不同步的，妥善处理好这个差距，有备无患。当前，我国的诉讼代理队伍情况复杂，职业素养、价值观等，莫衷一是。什么样的诉讼代理人与什么样的法官来组成一个案件的诉讼结构，带有极大的随机性。良性的互动会带来好的诉讼效果，但是观念与利益的差异常常造成庭审与诉讼走向的波谲云诡。面对这一不可改变的现实，现实可做的工作就是一句话，"打铁还靠自身硬"，加强自身法律素养。

一直以来，公认的逻辑是授人以鱼不如授人以渔。可是，有人提出，为什么不可以先授鱼，继而渔之呢？在我国，刑事领域争论不休的正当防卫概念，尽管不太实用但是目前尚可适用。可是，在民事和行政领域，当合法权益遭受不法侵害时，受害人或者权利人的授权自保行为是什么？从"辱母案"到强迁案件，并非总是单纯的非法行为侵害合法权益，而更多的是犬牙交互，当事双方同时存在合法权益与非法行为混合伴生的问题。

因此，本书旨在为法律工作者方便快捷地理解、适用相关法律和司法解释，充当一次小编，把同一领域的不同位阶的规范，置于一个平面上以便使用者一目了然。

宋云超

二〇一七年五月十九日

使用说明

1. 最高人民法院《关于适用〈中华人民共和国民事诉讼法〉的解释》从文字上理解，应当是从法院的角度就如何适用《中华人民共和国民事诉讼法》而进行的司法解释，照此逻辑应当是注脚式的解释，而实际上，读者们通过浏览本书可知，法律及其对应司法解释的内容，在许多方面是"大相径庭"，所以，在具体使用上，我们既要清楚地知道问题所在，又要费心比照。

2.《人民检察院民事诉讼监督规则（试行）》客观上存在一些条款可操作性较差的问题，在司法实践中的应用也是"捉襟见肘"，所以说，要恰当地应用这个司法解释才好。

3. 笔者把当前我国民事诉讼程序现行有效的一法二释条文，放在一个平面上，这样大家就非常方便和一目了然地形成了整体的信息录入。这种空间上的处理绝非机械的条文堆砌，它充分遵循了其内在的应有的精神与逻辑顺序。

4. 从使用方便的目的出发，本书在一定幅度上，打乱了部分章节及条文先后顺序。

5. 本书对于学习、研究、使用等目的，均十分方便，具体因人而异，其妙不可言之处待读者自己慢慢体会。

6. 百密一疏，敬请读者朋友不吝批评、提示和帮助。

宋云超

二〇一七年四月二日

索 引

中华人民共和国民事诉讼法	最高人民法院关于适用《中华人民共和国民事诉讼法》的解释	人民检察院民事诉讼监督规则（试行）
1991 年 4 月 9 日第七届全国人民代表大会第四次会议通过，根据 2007 年 10 月 28 日第十届全国人民代表大会常务委员会第三十次会议《关于修改〈中华人民共和国民事诉讼法〉的决定》第一次修正，根据 2012 年 8 月 31 日第十一届全国人民代表大会常务委员会第二十八次会议《关于修改〈中华人民共和国民事诉讼法〉的决定》第二次修正。	中华人民共和国 最高人民检察院 公　告 《最高人民法院关于适用〈中华人民共和国民事诉讼法〉的解释》已于 2014 年 12 月 18 日由最高人民法院审判委员会第 1636 次会议通过，现予公布，自 2015 年 2 月 4 日起施行。 最高人民法院 2015 年 1 月 30 日	中华人民共和国 最高人民检察院 公　告 《人民检察院民事诉讼监督规则（试行）》已于 2013 年 9 月 23 日由最高人民检察院第十二届检察委员会第十次会议通过，现予公布，自即日起施行。 最高人民检察院 2013 年 11 月 18 日

1

中华人民共和国民事诉讼法	最高人民法院关于适用《中华人民共和国民事诉讼法》的解释	人民检察院民事诉讼监督规则（试行）
第二十一章 执行措施 第二十二章 执行中止和终结 第四编 涉外民事诉讼程序的特别规定 第二十三章 一般原则 第二十四章 管辖 第二十五章 送达、期间 第二十六章 仲裁 第二十七章 司法协助		
	2012 年 8 月 31 日，第十一届全国人民代表大会常务委员会第二十八次会议审议通过了《关于修改〈中华人民共和国民事诉讼法〉的决定》。根据修改后的民事诉讼法，结合人民法院民事审判和执行工作实际，制定本解释。	
第一编　总　则		第一章　总　则
第一章　任务、适用范围和基本原则		
第一条　中华人民共和国民事诉讼法以宪法为根据，结合我国民事审判工作的经验和实际情况制定。		第一条　为了保障和规范人民检察院依法履行民事检察职责，根据《中华人民共和国民事诉讼法》、《中华人民共和国人民检察院组织法》和其他有关规定，结合人民检察院工作实际，制定本规则。

中华人民共和国民事诉讼法	最高人民法院关于适用《中华人民共和国民事诉讼法》的解释	人民检察院民事诉讼监督规则（试行）
第二条　中华人民共和国民事诉讼法的任务，是保护当事人行使诉讼权利，保证人民法院查明事实，分清是非，正确适用法律，及时审理民事案件，确认民事权利义务关系，制裁民事违法行为，保护当事人的合法权益，教育公民自觉遵守法律，维护社会秩序、经济秩序，保障社会主义建设事业顺利进行。 　　第三条　人民法院受理公民之间、法人之间、其他组织之间以及他们相互之间因财产关系和人身关系提起的民事诉讼，适用本法的规定。 　　第四条　凡在中华人民共和国领域内进行民事诉讼，必须遵守本法。 　　第五条　外国人、无国籍人、外国企业和组织在人民法院起诉、应诉，同中华人民共和国公民、法人和其他组织有同等的诉讼权利义务。 　　外国法院对中华人民共和国公民、法人和其他组织的民事诉讼权利加以限制的，中华人民共和国人民法院对该国公民、企业和组织的民事诉讼权利，实行对等原则。 　　第六条　民事案件的审判权由人民法院行使。 　　人民法院依照法律规定对民事案件独立进行审判，不受行政机关、社会团体和个人的干涉。 　　第七条　人民法院审理民事案件，必须以事实为根据，以法律为准绳。		第二条　人民检察院依法独立行使检察权，通过办理民事诉讼监督案件，维护司法公正和司法权威，维护国家利益和社会公共利益，维护公民、法人和其他组织的合法权益，保障国家法律的统一正确实施。 　　第三条　人民检察院通过抗诉、检察建议等方式，对民事诉讼活动实行法律监督。 　　第四条　人民检察院办理民事诉讼监督案件，应当以事实为根据，以法律为准绳，坚持公开、公平、公正和诚实信用原则，尊重和保障当事人的诉讼权利，监督和支持人民法院依法行使审判权和执行权。 　　第五条　民事诉讼监督案件的受理、办理、管理工作分别由控告检察部门、民事检察部门、案件管理部门负责，各部门互相配合，互相制约。 　　第六条　人民检察院办理民事诉讼监督案件，实行检察官办案责任制。 　　第七条　最高人民检察院领导地方各级人民检察院和专门人民检察院的民事诉讼监督工作，上级人民检察院领导下级人民检察院的民事诉讼监督工作。 　　上级人民检察院对下级人民检察院作出的决定，有权予以撤销或者变更，发现下级人民检察院工作中有错误的，有权指令下级人民检察院纠正。上级人民检察院的决定，下级人民检察院应当执行。下级人民检察院对上级人民检察院的决定有不同意见的，可

中华人民共和国民事诉讼法	最高人民法院关于适用《中华人民共和国民事诉讼法》的解释	人民检察院民事诉讼监督规则（试行）
第八条　民事诉讼当事人有平等的诉讼权利。人民法院审理民事案件，应当保障和便利当事人行使诉讼权利，对当事人在适用法律上一律平等。 第九条　人民法院审理民事案件，应当根据自愿和合法的原则进行调解；调解不成的，应当及时判决。 第十条　人民法院审理民事案件，依照法律规定实行合议、回避、公开审判和两审终审制度。 第十一条　各民族公民都有用本民族语言、文字进行民事诉讼的权利。 在少数民族聚居或者多民族共同居住的地区，人民法院应当用当地民族通用的语言、文字进行审理和发布法律文书。 人民法院应当对不通晓当地民族通用的语言、文字的诉讼参与人提供翻译。 第十二条　人民法院审理民事案件时，当事人有权进行辩论。 第十三条　民事诉讼应当遵循诚实信用原则。 当事人有权在法律规定的范围内处分自己的民事权利和诉讼权利。		以在执行的同时向上级人民检察院报告。 第八条　人民检察院检察长在同级人民法院审判委员会讨论民事抗诉案件或者其他与民事诉讼监督工作有关的议题时，可以依照有关规定列席会议。 第九条　人民检察院办理民事诉讼监督案件，实行回避制度。 第十条　检察人员办理民事诉讼监督案件，应当依法秉公办案，自觉接受监督。 检察人员不得接受当事人及其诉讼代理人请客送礼，不得违反规定会见当事人及其诉讼代理人。 检察人员有收受贿赂、徇私枉法等行为的，应当追究法律责任。
		第四章　受理
第十四条　人民检察院有权对民事诉讼实行法律监督。		第二十三条　民事诉讼监督案件的来源包括： （一）当事人向人民检察院申请监督；

中华人民共和国民事诉讼法	最高人民法院关于适用《中华人民共和国民事诉讼法》的解释	人民检察院民事诉讼监督规则（试行）
		（二）当事人以外的公民、法人和其他组织向人民检察院控告、举报； （三）人民检察院依职权发现。 **第二十四条**　有下列情形之一的，当事人可以向人民检察院申请监督： （一）已经发生法律效力的民事判决、裁定、调解书符合《中华人民共和国民事诉讼法》第二百零九条第一款规定的； （二）认为民事审判程序中审判人员存在违法行为的； （三）认为民事执行活动存在违法情形的。 **第二十五条**　当事人向人民检察院申请监督，应当提交监督申请书、身份证明、相关法律文书及证据材料。提交证据材料的，应当附证据清单。 申请监督材料不齐备的，人民检察院应当要求申请人限期补齐，并明确告知应补齐的全部材料。申请人逾期未补齐的，视为撤回监督申请。 **第二十六条**　本规则第二十五条规定的监督申请书应当记明下列事项： （一）申请人的姓名、性别、年龄、民族、职业、工作单位、住所、有效联系方式，法人或者其他组织的名称、住所和法定代表人或者主要负责人的姓名、职务、有效联系方式；

中华人民共和国民事诉讼法	最高人民法院关于适用《中华人民共和国民事诉讼法》的解释	人民检察院民事诉讼监督规则（试行）
		（二）其他当事人的姓名、性别、工作单位、住所、有效联系方式等信息，法人或者其他组织的名称、住所、负责人、有效联系方式等信息；
		（三）申请监督请求和所依据的事实与理由。
		申请人应当按照其他当事人的人数提交监督申请书副本。
		第二十七条 本规则第二十五条规定的身份证明包括：
		（一）自然人的居民身份证、军官证、士兵证、护照等能够证明本人身份的有效证件；
		（二）法人或者其他组织的营业执照副本、组织机构代码证书和法定代表人或者主要负责人的身份证明等有效证照。
		对当事人提交的身份证明，人民检察院经核对无误留存复印件。
		第二十八条 本规则第二十五条规定的相关法律文书是指人民法院在该案件诉讼过程中作出的全部判决书、裁定书、决定书、调解书等法律文书。
		第二十九条 当事人申请监督，可以依照《中华人民共和国民事诉讼法》的规定委托代理人。
		第三十条 当事人申请监督符合下列条件的，人民检察院应当受理：
		（一）符合本规则第二十四条的规定；

中华人民共和国民事诉讼法	最高人民法院关于适用《中华人民共和国民事诉讼法》的解释	人民检察院民事诉讼监督规则（试行）
		（二）申请人提供的材料符合本规则第二十五条至第二十八条的规定；
		（三）本院具有管辖权；
		（四）不具有本规则规定的不予受理情形。
		第三十一条　当事人根据《中华人民共和国民事诉讼法》第二百零九条第一款的规定向人民检察院申请监督，有下列情形之一的，人民检察院不予受理：
		（一）当事人未向人民法院申请再审或者申请再审超过法律规定的期限的；
		（二）人民法院正在对民事再审申请进行审查的，但超过三个月未对再审申请作出裁定的除外；
		（三）人民法院已经裁定再审且尚未审结的；
		（四）判决、调解解除婚姻关系的，但对财产分割部分不服的除外；
		（五）人民检察院已经审查终结作出决定的；
		（六）民事判决、裁定、调解书是人民法院根据人民检察院的抗诉或者再审检察建议再审后作出的；
		（七）其他不应受理的情形。

中华人民共和国民事诉讼法	最高人民法院关于适用《中华人民共和国民事诉讼法》的解释	人民检察院民事诉讼监督规则（试行）
		第三十二条 对人民法院作出的一审民事判决、裁定，当事人依法可以上诉但未提出上诉，而依照《中华人民共和国民事诉讼法》第二百零九条第一款第一项、第二项的规定向人民检察院申请监督的，人民检察院不予受理，但有下列情形之一的除外： （一）据以作出原判决、裁定的法律文书被撤销或者变更的； （二）审判人员有贪污受贿、徇私舞弊、枉法裁判等严重违法行为的； （三）人民法院送达法律文书违反法律规定，影响当事人行使上诉权的； （四）当事人因自然灾害等不可抗力无法行使上诉权的； （五）当事人因人身自由被剥夺、限制，或者因严重疾病等客观原因不能行使上诉权的； （六）有证据证明他人以暴力、胁迫、欺诈等方式阻止当事人行使上诉权的； （七）因其他不可归责于当事人的原因没有提出上诉的。 **第三十三条** 当事人认为民事审判程序中审判人员存在违法行为或者民事执行活动存在违法情形，向人民检察院申请监督，有下列情形之一的，人民检察院不予受理： （一）法律规定可以提出异议、申请复议或者提起诉讼，当事人没有提出异议、申请复议或者提起诉讼的，但有正当理由的除外；

中华人民共和国民事诉讼法	最高人民法院关于适用《中华人民共和国民事诉讼法》的解释	人民检察院民事诉讼监督规则（试行）
		（二）当事人提出异议或者申请复议后，人民法院已经受理并正在审查处理的，但超过法定期间未作出处理的除外； （三）其他不应受理的情形。 　　**第三十四条**　当事人根据《中华人民共和国民事诉讼法》第二百零九条第一款的规定向人民检察院申请检察建议或者抗诉，由作出生效民事判决、裁定、调解书的人民法院所在地同级人民检察院控告检察部门受理。 　　当事人认为民事审判程序中审判人员存在违法行为或者民事执行活动存在违法情形，向人民检察院申请监督的，由审理、执行案件的人民法院所在地同级人民检察院控告检察部门受理。 　　**第三十五条**　人民法院裁定驳回再审申请或者逾期未对再审申请作出裁定，当事人向人民检察院申请监督的，由作出原生效民事判决、裁定、调解书的人民法院所在地同级人民检察院控告检察部门受理。 　　**第三十六条**　人民检察院控告检察部门对监督申请，应当根据以下情形作出处理： 　　（一）符合受理条件的，应当依照本规则规定作出受理决定； 　　（二）属于人民检察院受理案件范围但不属于本院管辖的，应当告知申请人向有管辖权的人民检察院申请监督； 　　（三）不属于人民检察院受理案件范围的，应当告知申请人向有关机关反映；

中华人民共和国民事诉讼法	最高人民法院关于适用《中华人民共和国民事诉讼法》的解释	人民检察院民事诉讼监督规则（试行）
		（四）不符合受理条件，且申请人不撤回监督申请的，可以决定不予受理。 应当由下级人民检察院受理的，上级人民检察院应当在七日内将监督申请书及相关材料移交下级人民检察院。 **第三十七条** 控告检察部门应当在决定受理之日起三日内制作《受理通知书》，发送申请人，并告知其权利义务。 需要通知其他当事人的，应当将《受理通知书》和监督申请书副本发送其他当事人，并告知其权利义务。其他当事人可以在收到监督申请书副本之日起十五日内提出书面意见，不提出意见的不影响人民检察院对案件的审查。 **第三十八条** 控告检察部门应当在决定受理之日起三日内将案件材料移送本院民事检察部门，同时将《受理通知书》抄送本院案件管理部门。 **第三十九条** 当事人以外的公民、法人和其他组织认为人民法院民事审判程序中审判人员存在违法行为或者民事执行活动存在违法情形的，可以向同级人民检察院控告、举报。控告、举报由人民检察院控告检察部门受理。 控告检察部门对收到的控告、举报，应当依据《人民检察院信访工作规定》、《人民检察院举报工作规定》等办理。

中华人民共和国民事诉讼法	最高人民法院关于适用《中华人民共和国民事诉讼法》的解释	人民检察院民事诉讼监督规则（试行）
		第四十条 控告检察部门可以依据《人民检察院信访工作规定》，向下级人民检察院交办涉及民事诉讼监督的信访案件。 **第四十一条** 具有下列情形之一的民事案件，人民检察院应当依职权进行监督： （一）损害国家利益或者社会公共利益的； （二）审判、执行人员有贪污受贿、徇私舞弊、枉法裁判等行为的； （三）依照有关规定需要人民检察院跟进监督的。 **第四十二条** 下级人民检察院提请抗诉、提请其他监督等案件，由上一级人民检察院案件管理部门受理。 依职权发现的民事诉讼监督案件，民事检察部门应当到案件管理部门登记受理。 **第四十三条** 案件管理部门接收案件材料后，应当在三日内登记并将案件材料和案件登记表移送民事检察部门；案件材料不符合规定的，应当要求补齐。 案件管理部门登记受理后，需要通知当事人的，民事检察部门应当制作《受理通知书》，并在三日内发送当事人。
		第五章　审查
		第一节　一般规定
		第四十四条 民事检察部门负责对受理后的民事诉讼监督案件进行审查。

中华人民共和国民事诉讼法	最高人民法院关于适用《中华人民共和国民事诉讼法》的解释	人民检察院民事诉讼监督规则（试行）
		第四十五条　上级人民检察院可以将受理的民事诉讼监督案件交由有管辖权的下级人民检察院办理。交办的案件应当制作《交办通知书》，并将有关材料移送下级人民检察院。下级人民检察院应当依法办理，不得将案件再行交办，作出决定前应当报上级人民检察院审核同意。 　　交办案件需要通知当事人的，应当制作《通知书》，并发送当事人。 　　第四十六条　上级人民检察院可以将案件转有管辖权的下级人民检察院办理。转办案件应当制作《转办通知书》，并将有关材料移送下级人民检察院。 　　转办案件需要通知当事人的，应当制作《通知书》，并发送当事人。 　　第四十七条　人民检察院审查民事诉讼监督案件，应当围绕申请人的申请监督请求以及发现的其他情形，对人民法院民事诉讼活动是否合法进行审查。其他当事人也申请监督的，应当将其列为申请人，对其申请监督请求一并审查。 　　第四十八条　申请人或者其他当事人对提出的主张，应当提供证据材料。人民检察院收到当事人提交的证据材料，应当出具收据。 　　第四十九条　人民检察院应当告知当事人有申请回避的权利，并告知办理案件的检察人员、书记员等的姓名、法律职务。

中华人民共和国民事诉讼法	最高人民法院关于适用《中华人民共和国民事诉讼法》的解释	人民检察院民事诉讼监督规则（试行）
		第五十条 人民检察院审查案件，应当听取当事人意见，必要时可以听证或者调查核实有关情况。
		第五十一条 人民检察院审查案件，可以依照有关规定调阅人民法院的诉讼卷宗。
		通过拷贝电子卷、查阅、复制、摘录等方式能够满足办案需要的，可以不调阅诉讼卷宗。
		第五十二条 承办人审查终结后，应当制作审查终结报告。审查终结报告应当全面、客观、公正地叙述案件事实，依据法律提出处理建议。
		承办人通过审查监督申请书等材料即可以认定案件事实的，可以直接制作审查终结报告，提出处理建议。
		第五十三条 案件应当经集体讨论，参加集体讨论的人员应当对案件事实、适用法律、处理建议等发表明确意见并说明理由。集体讨论意见应当在全面、客观地归纳讨论意见的基础上形成。
		集体讨论形成的处理意见，由民事检察部门负责人提出审核意见后报检察长批准。
		检察长认为必要的，可以提请检察委员会讨论决定。
		第五十四条 人民检察院对审查终结的案件，应当区分情况作出下列决定：
		（一）提出再审检察建议；
		（二）提请抗诉；

中华人民共和国民事诉讼法	最高人民法院关于适用《中华人民共和国民事诉讼法》的解释	人民检察院民事诉讼监督规则（试行）
		（三）提出抗诉； （四）提出检察建议； （五）终结审查； （六）不支持监督申请。 控告检察部门受理的案件，民事检察部门应当将案件办理结果书面告知控告检察部门。 **第五十五条** 人民检察院在办理民事诉讼监督案件过程中，当事人有和解意愿的，可以建议当事人自行和解。 **第五十六条** 人民检察院受理当事人申请对人民法院已经发生法律效力的民事判决、裁定、调解书监督的案件，应当在三个月内审查终结并作出决定。 对民事审判程序中审判人员违法行为监督案件和对民事执行活动监督案件的审查期限，依照前款规定执行。
		第二节　听证
		第五十七条 人民检察院审查民事诉讼监督案件，认为确有必要的，可以组织有关当事人听证。 根据案件具体情况，可以邀请与案件没有利害关系的人大代表、政协委员、人民监督员、特约检察员、专家咨询委员、人民调解员或者当事人所在单位、居住地的居民委员会委员以及专家、学者等其他社会人士参加听证。

中华人民共和国民事诉讼法	最高人民法院关于适用《中华人民共和国民事诉讼法》的解释	人民检察院民事诉讼监督规则（试行）
		第五十八条 人民检察院组织听证，由承办该案件的检察人员主持，书记员负责记录。 听证应当在人民检察院专门听证场所内进行。 **第五十九条** 人民检察院组织听证，应当在听证三日前通知参加听证的当事人，并告知听证的时间、地点。 **第六十条** 参加听证的当事人和其他相关人员应当按时参加听证，当事人无正当理由缺席或者未经许可中途退席的，不影响听证程序的进行。 **第六十一条** 听证应当围绕民事诉讼监督案件中的事实认定和法律适用等问题进行。 对当事人提交的证据材料和人民检察院调查取得的证据，应当充分听取各方当事人的意见。 **第六十二条** 听证应当按照下列顺序进行： （一）申请人陈述申请监督请求、事实和理由； （二）其他当事人发表意见； （三）申请人和其他当事人提交新证据的，应当出示并予以说明； （四）出示人民检察院调查取得的证据； （五）案件各方当事人陈述对听证中所出示证据的意见； （六）申请人和其他当事人发表最后意见。

中华人民共和国民事诉讼法	最高人民法院关于适用《中华人民共和国民事诉讼法》的解释	人民检察院民事诉讼监督规则（试行）
		第六十三条 听证应当制作笔录，经当事人校阅后，由当事人签名或者盖章。拒绝签名盖章的，应当记明情况。 **第六十四条** 参加听证的人员应当服从听证主持人指挥。 对违反听证秩序的，人民检察院可以予以训诫，责令退出听证场所；对哄闹、冲击听证场所，侮辱、诽谤、威胁、殴打检察人员等严重扰乱听证秩序的，依法追究责任。
		第三节　调查核实
		第六十五条 人民检察院因履行法律监督职责提出检察建议或者抗诉的需要，有下列情形之一的，可以向当事人或者案外人调查核实有关情况： （一）民事判决、裁定、调解书可能存在法律规定需要监督的情形，仅通过阅卷及审查现有材料难以认定的； （二）民事审判程序中审判人员可能存在违法行为的； （三）民事执行活动可能存在违法情形的； （四）其他需要调查核实的情形。 **第六十六条** 人民检察院可以采取以下调查核实措施： （一）查询、调取、复制相关证据材料； （二）询问当事人或者案外人； （三）咨询专业人员、相关部门或者行业协会等对专门问题的意见；

中华人民共和国民事诉讼法	最高人民法院关于适用《中华人民共和国民事诉讼法》的解释	人民检察院民事诉讼监督规则（试行）
		（四）委托鉴定、评估、审计； （五）勘验物证、现场； （六）查明案件事实所需要采取的其他措施。 人民检察院调查核实，不得采取限制人身自由和查封、扣押、冻结财产等强制性措施。 **第六十七条** 人民检察院可以就专门性问题书面或者口头咨询有关专业人员、相关部门或者行业协会的意见。口头咨询的，应当制作笔录，由接受咨询的专业人员签名或者盖章。拒绝签名盖章的，应当记明情况。 **第六十八条** 人民检察院对专门性问题认为需要鉴定、评估、审计的，可以委托具备资格的机构进行鉴定、评估、审计。 在诉讼过程中已经进行过鉴定、评估、审计的，一般不再委托鉴定、评估、审计。 **第六十九条** 人民检察院认为确有必要的，可以勘验物证或者现场。勘验人应当出示人民检察院的证件，并邀请当地基层组织或者当事人所在单位派人参加。当事人或者当事人的成年家属应当到场，拒不到场的，不影响勘验的进行。 勘验人应当将勘验情况和结果制作笔录，由勘验人、当事人和被邀参加人签名或者盖章。 **第七十条** 需要调查核实的，由承办人提出，部门负责人或者检察长批准。 **第七十一条** 人民检察院调查核实，应当由二人以上共同进行。

中华人民共和国民事诉讼法	最高人民法院关于适用《中华人民共和国民事诉讼法》的解释	人民检察院民事诉讼监督规则（试行）
		调查笔录经被调查人校阅后，由调查人、被调查人签名或者盖章。被调查人拒绝签名盖章的，应当记明情况。 **第七十二条** 人民检察院可以指令下级人民检察院或者委托外地人民检察院调查核实。 人民检察院指令调查或者委托调查的，应当发送《指令调查通知书》或者《委托调查函》，载明调查核实事项、证据线索及要求。受指令或者受委托人民检察院收到《指令调查通知书》或者《委托调查函》后，应当在十五日内完成调查核实工作并书面回复。因客观原因不能完成调查的，应当在上述期限内书面回复指令或者委托的人民检察院。 人民检察院到外地调查的，当地人民检察院应当配合。 **第七十三条** 人民检察院调查核实，有关单位和个人应当配合。拒绝或者妨碍人民检察院调查核实的，人民检察院可以向有关单位或者其上级主管部门提出检察建议，责令纠正；涉嫌犯罪的，依照规定移送有关机关处理。
		第四节 中止审查和终结审查
		第七十四条 有下列情形之一的，人民检察院可以中止审查： （一）申请监督的自然人死亡，需要等待继承人表明是否继续申请监督的；

中华人民共和国民事诉讼法	最高人民法院关于适用《中华人民共和国民事诉讼法》的解释	人民检察院民事诉讼监督规则（试行）
		（二）申请监督的法人或者其他组织终止，尚未确定权利义务承受人的； （三）本案必须以另一案的处理结果为依据，而另一案尚未审结的； （四）其他可以中止审查的情形。 中止审查的，应当制作《中止审查决定书》，并发送当事人。中止审查的原因消除后，应当恢复审查。 **第七十五条** 有下列情形之一的，人民检察院应当终结审查： （一）人民法院已经裁定再审或者已经纠正违法行为的； （二）申请人撤回监督申请或者当事人达成和解协议，且不损害国家利益、社会公共利益或者他人合法权益的； （三）申请监督的自然人死亡，没有继承人或者继承人放弃申请，且没有发现其他应当监督的违法情形的； （四）申请监督的法人或者其他组织终止，没有权利义务承受人或者权利义务承受人放弃申请，且没有发现其他应当监督的违法情形的； （五）发现已经受理的案件不符合受理条件的； （六）人民检察院依职权发现的案件，经审查不需要采取监督措施的； （七）其他应当终结审查的情形。

中华人民共和国民事诉讼法	最高人民法院关于适用《中华人民共和国民事诉讼法》的解释	人民检察院民事诉讼监督规则（试行）
		终结审查的，应当制作《终结审查决定书》，需要通知当事人的，发送当事人。
		第十章　其他规定
		第一百一十二条　有下列情形之一的，人民检察院可以提出改进工作的检察建议： （一）人民法院对民事诉讼中同类问题适用法律不一致的； （二）人民法院在多起案件中适用法律存在同类错误的； （三）人民法院在多起案件中有相同违法行为的； （四）有关单位的工作制度、管理方法、工作程序违法或者不当，需要改正、改进的。 **第一百一十三条**　民事检察部门在履行职责过程中，发现涉嫌犯罪的行为，应当及时将犯罪线索及相关材料移送本院相关职能部门。 人民检察院相关职能部门在办案工作中，发现人民法院审判人员、执行人员有贪污受贿、徇私舞弊、枉法裁判等违法行为，可能导致原判决、裁定错误的，应当及时向民事检察部门通报。 **第一百一十四条**　人民检察院向人民法院或者有关机关提出监督意见后，发现监督意见确有错误或者其他情形确需撤回的，应当经检察长批准或者检察委员会决定予以撤回。

中华人民共和国民事诉讼法	最高人民法院关于适用《中华人民共和国民事诉讼法》的解释	人民检察院民事诉讼监督规则（试行）
		上级人民检察院发现下级人民检察院监督错误或者不当的，应当指令下级人民检察院撤回，下级人民检察院应当执行。
		第一百一十五条 人民法院对人民检察院监督行为提出建议的，人民检察院应当在一个月内将处理结果书面回复人民法院。人民法院对回复意见有异议，并通过上一级人民法院向上一级人民检察院提出的，上一级人民检察院认为人民法院建议正确，应当要求下级人民检察院及时纠正。
		第一百一十六条 人民法院对民事诉讼监督案件作出再审判决、裁定或者其他处理决定后，提出监督意见的人民检察院应当对处理结果进行审查，并填写《民事诉讼监督案件处理结果审查登记表》。
		第一百一十七条 有下列情形之一的，人民检察院应当按照有关规定跟进监督或者提请上级人民检察院监督：
		（一）人民法院审理民事抗诉案件作出的判决、裁定、调解书仍符合抗诉条件的；
		（二）人民法院对人民检察院提出的检察建议未在规定的期限内作出处理并书面回复的；
		（三）人民法院对检察建议的处理结果错误的。
		第一百一十八条 地方各级人民检察院对适用法律确属疑难、复杂，本院难以决断的重大民事诉讼监督案件，可以向上一级人民检察院请示。

中华人民共和国民事诉讼法	最高人民法院关于适用《中华人民共和国民事诉讼法》的解释	人民检察院民事诉讼监督规则（试行）
第十五条 机关、社会团体、企业事业单位对损害国家、集体或者个人民事权益的行为，可以支持受损害的单位或者个人向人民法院起诉。		请示案件依照最高人民检察院关于办理下级人民检察院请示件、下级人民检察院向最高人民检察院报送公文的相关规定办理。 **第一百一十九条** 制作民事诉讼监督法律文书，应当符合规定的格式。 民事诉讼监督法律文书的格式另行制定。 **第一百二十条** 人民检察院可以参照《中华人民共和国民事诉讼法》有关规定发送法律文书。 **第一百二十一条** 人民检察院发现制作的法律文书存在笔误的，应当作出《补正决定书》予以补正。 **第一百二十二条** 人民检察院办理民事诉讼监督案件，应当按照规定建立民事诉讼监督案卷。 **第一百二十三条** 人民检察院办理民事诉讼监督案件，不收取案件受理费。申请复印、鉴定、审计、勘验等产生的费用由申请人直接支付给有关机构或者单位，人民检察院不得代收代付。

中华人民共和国民事诉讼法	最高人民法院关于适用《中华人民共和国民事诉讼法》的解释	人民检察院民事诉讼监督规则（试行）
第十六条 民族自治地方的人民代表大会根据宪法和本法的原则，结合当地民族的具体情况，可以制定变通或者补充的规定。自治区的规定，报全国人民代表大会常务委员会批准。自治州、自治县的规定，报省或者自治区的人民代表大会常务委员会批准，并报全国人民代表大会常务委员会备案。		
第二章　管辖	**一、　管辖**	**第二章　管辖**
第一节　级别管辖		
第十七条 基层人民法院管辖第一审民事案件，但本法另有规定的除外。 **第十八条** 中级人民法院管辖下列第一审民事案件： （一）重大涉外案件； （二）在本辖区有重大影响的案件； （三）最高人民法院确定由中级人民法院管辖的案件。 **第十九条** 高级人民法院管辖在本辖区有重大影响的第一审民事案件。 **第二十条** 最高人民法院管辖下列第一审民事案件： （一）在全国有重大影响的案件； （二）认为应当由本院审理的案件。	**第一条** 民事诉讼法第十八条第一项规定的重大涉外案件，包括争议标的额大的案件、案情复杂的案件，或者一方当事人人数众多等具有重大影响的案件。	**第十一条** 对已经发生法律效力的民事判决、裁定、调解书的监督案件，最高人民检察院、作出该生效法律文书的人民法院所在地同级人民检察院和上级人民检察院均有管辖权。 **第十二条** 对民事审判程序中审判人员违法行为的监督案件，由审理案件的人民法院所在地同级人民检察院管辖。 **第十三条** 对民事执行活动的监督案件，由执行法院所在地同级人民检察院管辖。 **第十四条** 人民检察院发现受理的民事诉讼监督案件不属于本院管辖的，应当移送有管辖权的人民检察院，受移送的人民检察院应当受理。受移送的人民检察院认为不属于本院管辖的，应当报请上级人民检察院指定管辖，不得再自行移送。

中华人民共和国民事诉讼法	最高人民法院关于适用《中华人民共和国民事诉讼法》的解释	人民检察院民事诉讼监督规则（试行）
	第二条 专利纠纷案件由知识产权法院、最高人民法院确定的中级人民法院和基层人民法院管辖。 海事、海商案件由海事法院管辖。	第十五条 有管辖权的人民检察院由于特殊原因，不能行使管辖权的，由上级人民检察院指定管辖。 人民检察院之间因管辖权发生争议，由争议双方协商解决；协商不能解决的，报请其共同上级人民检察院指定管辖。
第二节 地域管辖		第十六条 上级人民检察院认为确有必要的，可以办理下级人民检察院管辖的民事诉讼监督案件。 下级人民检察院对有管辖权的民事诉讼监督案件，认为需要由上级人民检察院办理的，可以报请上级人民检察院办理。
第二十一条 对公民提起的民事诉讼，由被告住所地人民法院管辖；被告住所地与经常居住地不一致的，由经常居住地人民法院管辖。 对法人或者其他组织提起的民事诉讼，由被告住所地人民法院管辖。 同一诉讼的几个被告住所地、经常居住地在两个以上人民法院辖区的，各该人民法院都有管辖权。	第三条 公民的住所地是指公民的户籍所在地，法人或者其他组织的住所地是指法人或者其他组织的主要办事机构所在地。 法人或者其他组织的主要办事机构所在地不能确定的，法人或者其他组织的注册地或者登记地为住所地。 第四条 公民的经常居住地是指公民离开住所地至起诉时已连续居住一年以上的地方，但公民住所就医的地方除外。 第五条 对没有办事机构的个人合伙、合伙型联营体提起的诉讼，由被告注册登记地人民法院管辖。没有注册登记，几个被告又不在同一辖区的，被告住所地的人民法院都有管辖权。 第六条 被告被注销户籍的，依照民事诉讼法第二十二条规定确定管辖；原告、被告均被注销户籍的，由被告住所地人民法院管辖。 第七条 当事人的户籍迁出后尚未落户，有经常居住地的，由该地人民法院管辖；没有经常居住地的，由其原户籍所在地人民法院管辖。	第十七条 军事检察院等专门人民检察院对民事诉讼监督案件的管辖，依照有关规定执行。

中华人民共和国民事诉讼法	最高人民法院关于适用《中华人民共和国民事诉讼法》的解释	人民检察院民事诉讼监督规则（试行）
第二十二条　下列民事诉讼，由原告住所地人民法院管辖；原告住所地与经常居住地不一致的，由原告经常居住地人民法院管辖： 　　（一）对不在中华人民共和国领域内居住的人提起的有关身份关系的诉讼； 　　（二）对下落不明或者宣告失踪的人提起的有关身份关系的诉讼； 　　（三）对被采取强制性教育措施的人提起的诉讼； 　　（四）对被监禁的人提起的诉讼。	第八条　双方当事人都被监禁或者被采取强制性教育措施的，由被告原住所地人民法院管辖。被告被监禁或者被采取强制性教育措施一年以上的，由被告被监禁地或者被采取强制性教育措施地人民法院管辖。 　　第九条　追索赡养费、抚育费、扶养费案件的几个被告住所地不在同一辖区的，可以由原告住所地人民法院管辖。 　　第十条　不服指定监护或者变更监护关系的案件，可以由被监护人住所地人民法院管辖。 　　第十一条　双方当事人均为军人或者军队单位的民事案件由军事法院管辖。 　　第十二条　夫妻一方离开住所地超过一年，另一方起诉离婚的案件，可以由原告住所地人民法院管辖。 　　夫妻双方离开住所地超过一年，一方起诉离婚的案件，由被告经常居住地人民法院管辖；没有经常居住地的，由原告起诉时被告居住地人民法院管辖。 　　第十三条　在国内结婚并定居国外的华侨，如定居国法院以离婚诉讼须由婚姻缔结地法院管辖为由不予受理，当事人向人民法院提出离婚诉讼的，由婚姻缔结地或者一方在国内的最后居住地人民法院管辖。	

中华人民共和国民事诉讼法	最高人民法院关于适用《中华人民共和国民事诉讼法》的解释	人民检察院民事诉讼监督规则（试行）
第二十三条 因合同纠纷提起的诉讼，由被告住所地或者合同履行地人民法院管辖。	**第十四条** 在国外结婚并定居国外的华侨，如定居国法院以离婚诉讼须由国籍所属国法院管辖为由不予受理，当事人向人民法院提出离婚诉讼的，由一方原住所地或者在国内的最后居住地人民法院管辖。 **第十五条** 中国公民一方居住在国外，一方居住在国内，不论哪一方向人民法院提起离婚诉讼，国内一方住所地人民法院都有权管辖。国外一方在居住国法院起诉，国内一方向人民法院起诉的，受诉人民法院有权管辖。 **第十六条** 中国公民双方在国外但未定居，一方向人民法院起诉离婚的，应由原告或者被告原住所地人民法院管辖。 **第十七条** 已经离婚的中国公民，双方均定居国外，仅就国内财产分割提起诉讼的，由主要财产所在地人民法院管辖。 **第十八条** 合同约定履行地点的，以约定的履行地点为合同履行地。 合同对履行地点没有约定或者约定不明确，争议标的为给付货币的，接收货币一方所在地为合同履行地；交付不动产的，不动产所在地为合同履行地；其他标的，履行义务一方所在地为合同履行地。即时结清的合同，交易行为地为合同履行地。 合同没有实际履行，当事人双方住所地都不在合同约定的履行地的，由被告住所地人民法院管辖。	

中华人民共和国民事诉讼法	最高人民法院关于适用《中华人民共和国民事诉讼法》的解释	人民检察院民事诉讼监督规则（试行）
第二十四条　因保险合同纠纷提起的诉讼，由被告住所地或者保险标的物所在地人民法院管辖。 　　第二十五条　因票据纠纷提起的诉讼，由票据支付地或者被告住所地人民法院管辖。 　　第二十六条　因公司设立、确认股东资格、分配利润、解散等纠纷提起的诉讼，由公司住所地人民法院管辖。	第十九条　财产租赁合同、融资租赁合同以租赁物使用地为合同履行地。合同对履行地有约定的，从其约定。 　　第二十条　以信息网络方式订立的买卖合同，通过信息网络交付标的的，以买受人住所地为合同履行地；通过其他方式交付标的的，收货地为合同履行地。合同对履行地有约定的，从其约定。 　　第二十一条　因财产保险合同纠纷提起的诉讼，如果保险标的物是运输工具或者运输中的货物，可以由运输工具登记注册地、运输目的地、保险事故发生地人民法院管辖。 　　因人身保险合同纠纷提起的诉讼，可以由被保险人住所地人民法院管辖。 　　第二十二条　因股东名册记载、请求变更公司登记、股东知情权、公司决议、公司合并、公司分立、公司减资、公司增资等纠纷提起的诉讼，依照民事诉讼法第二十六条规定确定管辖。 　　第二十三条　债权人申请支付令，适用民事诉讼法第二十一条规定，由债务人住所地基层人民法院管辖。	

中华人民共和国民事诉讼法	最高人民法院关于适用《中华人民共和国民事诉讼法》的解释	人民检察院民事诉讼监督规则（试行）
第二十七条　因铁路、公路、水上、航空运输和联合运输合同纠纷提起的诉讼，由运输始发地、目的地或者被告住所地人民法院管辖。 　　**第二十八条**　因侵权行为提起的诉讼，由侵权行为地或者被告住所地人民法院管辖。	**第二十四条**　民事诉讼法第二十八条规定的侵权行为地，包括侵权行为实施地、侵权结果发生地。 　　**第二十五条**　信息网络侵权行为实施地包括实施被诉侵权行为的计算机等信息设备所在地，侵权结果发生地包括被侵权人住所地。 　　**第二十六条**　因产品、服务质量不合格造成他人财产、人身损害提起的诉讼，产品制造地、产品销售地、服务提供地、侵权行为地和被告住所地人民法院都有管辖权。	
第二十九条　因铁路、公路、水上和航空事故请求损害赔偿提起的诉讼，由事故发生地或者车辆、船舶最先到达地、航空器最先降落地或者被告住所地人民法院管辖。 　　**第三十条**　因船舶碰撞或者其他海事损害事故请求损害赔偿提起的诉讼，由碰撞发生地、碰撞船舶最先到达地、加害船舶被扣留地或者被告住所地人民法院管辖。 　　**第三十一条**　因海难救助费用提起的诉讼，由救助地或者被救助船舶最先到达地人民法院管辖。		

中华人民共和国民事诉讼法	最高人民法院关于适用《中华人民共和国民事诉讼法》的解释	人民检察院民事诉讼监督规则（试行）
第三十二条　因共同海损提起的诉讼，由船舶最先到达地、共同海损理算地或者航程终止地的人民法院管辖。	第二十七条　当事人申请诉前保全后没有在法定期间起诉或者申请仲裁，给被申请人、利害关系人造成损失引起的诉讼，由采取保全措施的人民法院管辖。 当事人申请诉前保全后在法定期间内起诉或者申请仲裁，被申请人、利害关系人因保全受到损失提起的诉讼，由受理起诉的人民法院或者采取保全措施的人民法院管辖。	
第三十三条　下列案件，由本条规定的人民法院专属管辖： （一）因不动产纠纷提起的诉讼，由不动产所在地人民法院管辖； （二）因港口作业中发生纠纷提起的诉讼，由港口所在地人民法院管辖； （三）因继承遗产纠纷提起的诉讼，由被继承人死亡时住所地或者主要遗产所在地人民法院管辖。 第三十四条　合同或者其他财产权益纠纷的当事人可以书面协议选择被告住所地、合同履行地、合同签订地、原告住所地、标的物所在地等与争议有实际联系的地点的人民法院管辖，但不得违反本法对级别管辖和专属管辖的规定。	第二十八条　民事诉讼法第三十三条第一项规定的不动产纠纷是指因不动产的权利确认、分割、相邻关系等引起的物权纠纷。 农村土地承包经营合同纠纷、房屋租赁合同纠纷、建设工程施工合同纠纷、政策性房屋买卖合同纠纷，按照不动产纠纷确定管辖。 不动产已登记的，以不动产登记簿记载的所在地为不动产所在地；不动产未登记的，以不动产实际所在地为不动产所在地。 第二十九条　民事诉讼法第三十四条规定的书面协议，包括书面合同中的协议管辖条款或者诉讼前以书面形式达成的选择管辖的协议。 第三十条　根据管辖协议，起诉时能够确定管辖法院的，从其约定；不能确定的，依照民事诉讼法的相关规定确定管辖。 管辖协议约定两个以上与争议有实际联系的地点的人民法院管辖，原告可以向其中一个人民法院起诉。	

中华人民共和国民事诉讼法	最高人民法院关于适用《中华人民共和国民事诉讼法》的解释	人民检察院民事诉讼监督规则（试行）
	第三十一条 经营者使用格式条款与消费者订立管辖协议，未采取合理方式提请消费者注意，消费者主张管辖协议无效的，人民法院应予支持。 **第三十二条** 管辖协议约定由一方当事人住所地人民法院管辖，协议签订后当事人住所地变更的，由签订管辖协议时的住所地人民法院管辖，但当事人另有约定的除外。 **第三十三条** 合同转让的，合同的管辖协议对合同受让人有效，但转让时受让人不知道有管辖协议，或者转让协议另有约定且原合同相对人同意的除外。 **第三十四条** 当事人因同居或者在解除婚姻、收养关系后发生财产争议，约定管辖的，可以适用民事诉讼法第三十四条规定确定管辖。 **第三十五条** 当事人在答辩期间届满后未应诉答辩，人民法院在一审开庭前，发现案件不属于本院管辖的，应当裁定移送有管辖权的人民法院。	
第三十五条 两个以上人民法院都有管辖权的诉讼，原告可以向其中一个人民法院起诉；原告向两个以上有管辖权的人民法院起诉的，由最先立案的人民法院管辖。		

中华人民共和国民事诉讼法	最高人民法院关于适用《中华人民共和国民事诉讼法》的解释	人民检察院民事诉讼监督规则（试行）
第三节　移送管辖和指定管辖		
第三十六条　人民法院发现受理的案件不属于本院管辖的，应当移送有管辖权的人民法院，受移送的人民法院应当受理。受移送的人民法院认为受移送的案件依照规定不属于本院管辖的，应当报请上级人民法院指定管辖，不得再自行移送。	**第三十六条**　两个以上人民法院都有管辖权的诉讼，先立案的人民法院不得将案件移送给另一个有管辖权的人民法院。人民法院在立案前发现其他有管辖权的人民法院已先立案的，不得重复立案；立案后发现其他有管辖权的人民法院已先立案的，裁定将案件移送给先立案的人民法院。 　　**第三十七条**　案件受理后，受诉人民法院的管辖权不受当事人住所地、经常居住地变更的影响。 　　**第三十八条**　有管辖权的人民法院受理案件后，不得以行政区域变更为由，将案件移送给变更后有管辖权的人民法院。判决后的上诉案件和依审判监督程序提审的案件，由原审人民法院的上级人民法院进行审判；上级人民法院指令再审、发回重审的案件，由原审人民法院再审或者重审。 　　**第三十九条**　人民法院对管辖异议审查后确定有管辖权的，不因当事人提起反诉、增加或者变更诉讼请求等改变管辖，但违反级别管辖、专属管辖规定的除外。 　　人民法院发回重审或者按第一审程序再审的案件，当事人提出管辖异议的，人民法院不予审查。	

中华人民共和国民事诉讼法	最高人民法院关于适用《中华人民共和国民事诉讼法》的解释	人民检察院民事诉讼监督规则（试行）
第三十七条　有管辖权的人民法院由于特殊原因，不能行使管辖权的，由上级人民法院指定管辖。 　　人民法院之间因管辖权发生争议，由争议双方协商解决；协商解决不了的，报请它们的共同上级人民法院指定管辖。	第四十条　依照民事诉讼法第三十七条第二款规定，发生管辖权争议的两个人民法院因协商不成报请它们的共同上级人民法院指定管辖时，双方为同属一个地、市辖区的基层人民法院的，由该地、市的中级人民法院及时指定管辖；同属一个省、自治区、直辖市的两个人民法院的，由省、自治区、直辖市的高级人民法院及时指定管辖；双方为跨省、自治区、直辖市的人民法院，高级人民法院协商不成的，由最高人民法院及时指定管辖。 　　依照前款规定报请上级人民法院指定管辖时，应当逐级进行。 　　第四十一条　人民法院依照民事诉讼法第三十七条第二款规定指定管辖的，应当作出裁定。 　　对报请上级人民法院指定管辖的案件，下级人民法院应当中止审理。指定管辖裁定作出前，下级人民法院对案件作出判决、裁定的，上级人民法院应当在裁定指定管辖的同时，一并撤销下级人民法院的判决、裁定。	
第三十八条　上级人民法院有权审理下级人民法院管辖的第一审民事案件；确有必要将本院管辖的第一审民事案件交下级人民法院审理的，应当报请其上级人民法院批准。	第四十二条　下列第一审民事案件，人民法院依照民事诉讼法第三十八条第一款规定，可以在开庭前交下级人民法院审理： 　　（一）破产程序中有关债务人的诉讼案件； 　　（二）当事人人数众多且不方便诉讼的案件；	

中华人民共和国民事诉讼法	最高人民法院关于适用《中华人民共和国民事诉讼法》的解释	人民检察院民事诉讼监督规则（试行）
下级人民法院对它所管辖的第一审民事案件，认为需要由上级人民法院审理的，可以报请上级人民法院审理。	（三）最高人民法院确定的其他类型案件。 　　人民法院交下级人民法院审理前，应当报请其上级人民法院批准。上级人民法院批准后，人民法院应当裁定将案件交下级人民法院审理。	
第三章　审判组织		
第三十九条　人民法院审理第一审民事案件，由审判员、陪审员共同组成合议庭或者由审判员组成合议庭。合议庭的成员人数，必须是单数。 　　适用简易程序审理的民事案件，由审判员一人独任审理。 　　陪审员在执行陪审职务时，与审判员有同等的权利义务。 　　**第四十条**　人民法院审理第二审民事案件，由审判员组成合议庭。合议庭的成员人数，必须是单数。 　　发回重审的案件，原审人民法院应当按照第一审程序另行组成合议庭。 　　审理再审案件，原来是第一审的，按照第一审程序另行组成合议庭；原来是第二审的或者是上级人民法院提审的，按照第二审程序另行组成合议庭。		

中华人民共和国民事诉讼法	最高人民法院关于适用《中华人民共和国民事诉讼法》的解释	人民检察院民事诉讼监督规则（试行）
第四十一条 合议庭的审判长由院长或者庭长指定审判员一人担任；院长或者庭长参加审判的，由院长或者庭长担任。 **第四十二条** 合议庭评议案件，实行少数服从多数的原则。评议应当制作笔录，由合议庭成员签名。评议中的不同意见，必须如实记入笔录。 **第四十三条** 审判人员应当依法秉公办案。 审判人员不得接受当事人及其诉讼代理人请客送礼。 审判人员有贪污受贿，徇私舞弊，枉法裁判行为的，应当追究法律责任；构成犯罪的，依法追究刑事责任。		
第四章　回避	**二、回避**	**第三章　回避**
第四十四条 审判人员有下列情形之一的，应当自行回避，当事人有权用口头或者书面方式申请他们回避： （一）是本案当事人或者当事人、诉讼代理人近亲属的； （二）与本案有利害关系的； （三）与本案当事人、诉讼代理人有其他关系，可能影响对案件公正审理的。 审判人员接受当事人、诉讼代理人请客送礼，或者违反规定会见当事人、诉讼代理人的，当事人有权要求他们回避。	**第四十三条** 审判人员有下列情形之一的，应当自行回避，当事人有权申请其回避： （一）是本案当事人或者当事人近亲属的； （二）本人或者其近亲属与本案有利害关系的； （三）担任过本案的证人、鉴定人、辩护人、诉讼代理人、翻译人员的； （四）是本案诉讼代理人近亲属的； （五）本人或者其近亲属持有本案非上市公司当事人的股份或者股权的；	**第十八条** 检察人员有《中华人民共和国民事诉讼法》第四十四条规定情形之一的，应当自行回避，当事人有权申请他们回避。 前款规定，适用于书记员、翻译人员、鉴定人、勘验人等。 **第十九条** 检察人员自行回避的，可以口头或者书面方式提出，并说明理由。口头提出申请的，应当记录在卷。 **第二十条** 当事人申请回避，应当在人民检察院作出提出抗诉或者检察建议等决定前以口头或者书面方式提出，并说明理由。

35

中华人民共和国民事诉讼法	最高人民法院关于适用《中华人民共和国民事诉讼法》的解释	人民检察院民事诉讼监督规则（试行）
审判人员有前款规定的行为的，应当依法追究法律责任。 　　前三款规定，适用于书记员、翻译人员、鉴定人、勘验人。	（六）与本案当事人或者诉讼代理人有其他利害关系，可能影响公正审理的。 　　**第四十四条**　审判人员有下列情形之一的，当事人有权申请其回避： 　　（一）接受本案当事人及其受托人宴请，或者参加由其支付费用的活动的； 　　（二）索取、接受本案当事人及其受托人财物或者其他利益的； 　　（三）违反规定会见本案当事人、诉讼代理人的； 　　（四）为本案当事人推荐、介绍诉讼代理人，或者为律师、其他人员介绍代理本案的； 　　（五）向本案当事人及其受托人借用款物的； 　　（六）有其他不正当行为，可能影响公正审理的。 　　**第四十五条**　在一个审判程序中参与过本案审判工作的审判人员，不得再参与该案其他程序的审判。 　　发回重审的案件，在一审法院作出裁判后又进入第二审程序的，原第二审程序中合议庭组成人员不受前款规定的限制。 　　**第四十六条**　审判人员有应当回避的情形，没有自行回避，当事人也没有申请其回避的，由院长或者审判委员会决定其回避。 　　**第四十七条**　人民法院应当依法告知当事人对合议庭组成人员、独任审判员和书记员等人员有申请回避的权利。	口头提出申请的，应当记录在卷。根据《中华人民共和国民事诉讼法》第四十四条第二款规定提出回避申请的，应当提供相关证据。 　　被申请回避的人员在人民检察院作出是否回避的决定前，应当暂停参与本案工作，但案件需要采取紧急措施的除外。 　　**第二十一条**　检察长的回避，由检察委员会讨论决定；检察人员和其他人员的回避，由检察长决定。检察委员会讨论检察长回避问题时，由副检察长主持，检察长不得参加。 　　**第二十二条**　人民检察院对当事人提出的回避申请，应当在三日内作出决定，并通知申请人。申请人对决定不服的，可以在接到决定时向原决定机关申请复议一次。人民检察院应当在三日内作出复议决定，并通知复议申请人。复议期间，被申请回避的人员不停止参与本案工作。

中华人民共和国民事诉讼法	最高人民法院关于适用《中华人民共和国民事诉讼法》的解释	人民检察院民事诉讼监督规则（试行）
	第四十八条　民事诉讼法第四十四条所称的审判人员，包括参与本案审理的人民法院院长、副院长、审判委员会委员、庭长、副庭长、审判员、助理审判员和人民陪审员。 第四十九条　书记员和执行员适用审判人员回避的有关规定。	
第四十五条　当事人提出回避申请，应当说明理由，在案件开始审理时提出；回避事由在案件开始审理后知道的，也可以在法庭辩论终结前提出。 　　被申请回避的人员在人民法院作出是否回避的决定前，应当暂停参与本案的工作，但案件需要采取紧急措施的除外。 　　第四十六条　院长担任审判长时的回避，由审判委员会决定；审判人员的回避，由院长决定；其他人员的回避，由审判长决定。 　　第四十七条　人民法院对当事人提出的回避申请，应当在申请提出的三日内，以口头或者书面形式作出决定。申请人对决定不服的，可以在接到决定时申请复议一次。复议期间，被申请回避的人员，不停止参与本案的工作。人民法院对复议申请，应当在三日内作出复议决定，并通知复议申请人。		

中华人民共和国民事诉讼法	最高人民法院关于适用《中华人民共和国民事诉讼法》的解释	人民检察院民事诉讼监督规则（试行）
第五章　诉讼参加人	三、诉讼参加人	
第一节　当事人		
第四十八条　公民、法人和其他组织可以作为民事诉讼的当事人。 　　法人由其法定代表人进行诉讼。其他组织由其主要负责人进行诉讼。	第五十条　法人的法定代表人以依法登记的为准，但法律另有规定的除外。依法不需要办理登记的法人，以其正职负责人为法定代表人；没有正职负责人的，以其主持工作的副职负责人为法定代表人。 　　法定代表人已经变更，但未完成登记，变更后的法定代表人要求代表法人参加诉讼的，人民法院可以准许。 　　其他组织，以其主要负责人为代表人。 　　第五十一条　在诉讼中，法人的法定代表人变更的，由新的法定代表人继续进行诉讼，并应向人民法院提交新的法定代表人身份证明书。原法定代表人进行的诉讼行为有效。 　　前款规定，适用于其他组织参加的诉讼。 　　第五十二条　民事诉讼法第四十八条规定的其他组织是指合法成立、有一定的组织机构和财产，但又不具备法人资格的组织，包括： 　　（一）依法登记领取营业执照的个人独资企业； 　　（二）依法登记领取营业执照的合伙企业 　　（三）依法登记领取我国营业执照的中外合作经营企业、外资企业； 　　（四）依法成立的社会团体的分支机构、代表机构；	

中华人民共和国民事诉讼法	最高人民法院关于适用《中华人民共和国民事诉讼法》的解释	人民检察院民事诉讼监督规则（试行）
	（五）依法设立并领取营业执照的法人的分支机构；	
	（六）依法设立并领取营业执照的商业银行、政策性银行和非银行金融机构的分支机构；	
	（七）经依法登记领取营业执照的乡镇企业、街道企业；	
	（八）其他符合本条规定条件的组织。	
	第五十三条 法人非依法设立的分支机构，或者虽依法设立，但没有领取营业执照的分支机构，以设立该分支机构的法人为当事人。	
	第五十四条 以挂靠形式从事民事活动，当事人请求由挂靠人和被挂靠人依法承担民事责任的，该挂靠人和被挂靠人为共同诉讼人。	
	第五十五条 在诉讼中，一方当事人死亡，需要等待继承人表明是否参加诉讼的，裁定中止诉讼。人民法院应当及时通知继承人作为当事人承担诉讼，被继承人已经进行的诉讼行为对承担诉讼的继承人有效。	
	第五十六条 法人或者其他组织的工作人员执行工作任务造成他人损害的，该法人或者其他组织为当事人。	
	第五十七条 提供劳务一方因劳务造成他人损害，受害人提起诉讼的，以接受劳务一方为被告。	

中华人民共和国民事诉讼法	最高人民法院关于适用《中华人民共和国民事诉讼法》的解释	人民检察院民事诉讼监督规则（试行）
	第五十八条 在劳务派遣期间，被派遣的工作人员因执行工作任务造成他人损害的，以接受劳务派遣的用工单位为当事人。当事人主张劳务派遣单位承担责任的，该劳务派遣单位为共同被告。 **第五十九条** 在诉讼中，个体工商户以营业执照上登记的经营者为当事人。有字号的，以营业执照上登记的字号为当事人，但应同时注明该字号经营者的基本信息。 营业执照上登记的经营者与实际经营者不一致的，以登记的经营者和实际经营者为共同诉讼人。 **第六十条** 在诉讼中，未依法登记领取营业执照的个人合伙的全体合伙人为共同诉讼人。个人合伙有依法核准登记的字号的，应在法律文书中注明登记的字号。全体合伙人可以推选代表人；被推选的代表人，应由全体合伙人出具推选书。 **第六十一条** 当事人之间的纠纷经人民调解委员会调解达成协议后，一方当事人不履行调解协议，另一方当事人向人民法院提起诉讼的，应以对方当事人为被告。 **第六十二条** 下列情形，以行为人为当事人： （一）法人或者其他组织应登记而未登记，行为人即以该法人或者其他组织名义进行民事活动的；	

中华人民共和国民事诉讼法	最高人民法院关于适用《中华人民共和国民事诉讼法》的解释	人民检察院民事诉讼监督规则（试行）
	（二）行为人没有代理权、超越代理权或者代理权终止后以被代理人名义进行民事活动的，但相对人有理由相信行为人有代理权的除外； （三）法人或者其他组织依法终止后，行为人仍以其名义进行民事活动的。 **第六十三条** 企业法人合并的，因合并前的民事活动发生的纠纷，以合并后的企业为当事人；企业法人分立的，因分立前的民事活动发生的纠纷，以分立后的企业为共同诉讼人。 **第六十四条** 企业法人解散的，依法清算并注销前，以该企业法人为当事人；未依法清算即被注销的，以该企业法人的股东、发起人或者出资人为当事人。 **第六十五条** 借用业务介绍信、合同专用章、盖章的空白合同书或者银行账户的，出借单位和借用人为共同诉讼人。 **第六十六条** 因保证合同纠纷提起的诉讼，债权人向保证人和被保证人一并主张权利的，人民法院应当将保证人和被保证人列为共同被告。保证合同约定为一般保证，债权人仅起诉保证人的，人民法院应当通知被保证人作为共同被告参加诉讼；债权人仅起诉被保证人的，可以只列被保证人为被告。 **第六十七条** 无民事行为能力人、限制民事行为能力人造成他人损害的，无民事行为能力人、限制民事行为能力人和其监护人为共同被告。	

中华人民共和国民事诉讼法	最高人民法院关于适用《中华人民共和国民事诉讼法》的解释	人民检察院民事诉讼监督规则（试行）
	第六十八条　村民委员会或者村民小组与他人发生民事纠纷的，村民委员会或者有独立财产的村民小组为当事人。 　　**第六十九条**　对侵害死者遗体、遗骨以及姓名、肖像、名誉、荣誉、隐私等行为提起诉讼的，死者的近亲属为当事人。 　　**第七十条**　在继承遗产的诉讼中，部分继承人起诉的，人民法院应通知其他继承人作为共同原告参加诉讼；被通知的继承人不愿意参加诉讼又未明确表示放弃实体权利的，人民法院仍应将其列为共同原告。 　　**第七十一条**　原告起诉被代理人和代理人，要求承担连带责任的，被代理人和代理人为共同被告。 　　**第七十二条**　共有财产权受到他人侵害，部分共有权人起诉的，其他共有权人为共同诉讼人。 　　**第七十三条**　必须共同进行诉讼的当事人没有参加诉讼的，人民法院应当依照民事诉讼法第一百三十二条的规定，通知其参加；当事人也可以向人民法院申请追加。人民法院对当事人提出的申请，应当进行审查，申请理由不成立的，裁定驳回；申请理由成立的，书面通知被追加的当事人参加诉讼。	

中华人民共和国民事诉讼法	最高人民法院关于适用《中华人民共和国民事诉讼法》的解释	人民检察院民事诉讼监督规则（试行）
	第七十四条 人民法院追加共同诉讼的当事人时，应当通知其他当事人。应当追加的原告，已明确表示放弃实体权利的，可不予追加；既不愿意参加诉讼，又不放弃实体权利的，仍应追加为共同原告，其不参加诉讼，不影响人民法院对案件的审理和依法作出判决。 **第七十五条** 民事诉讼法第五十三条、第五十四条和第一百九十九条规定的人数众多，一般指十人以上。 **第七十六条** 依照民事诉讼法第五十三条规定，当事人一方人数众多在起诉时确定的，可以由全体当事人推选共同的代表人，也可以由部分当事人推选自己的代表人；推选不出代表人的当事人，在必要的共同诉讼中可以自己参加诉讼，在普通的共同诉讼中可以另行起诉。 **第七十七条** 根据民事诉讼法第五十四条规定，当事人一方人数众多在起诉时不确定的，由当事人推选代表人。当事人推选不出的，可以由人民法院提出人选与当事人协商；协商不成的，也可以由人民法院在起诉的当事人中指定代表人。 **第七十八条** 民事诉讼法第五十三条和第五十四条规定的代表人为二至五人，每位代表人可以委托一至二人作为诉讼代理人。	

中华人民共和国民事诉讼法	最高人民法院关于适用《中华人民共和国民事诉讼法》的解释	人民检察院民事诉讼监督规则（试行）
	第七十九条 依照民事诉讼法第五十四条规定受理的案件，人民法院可以发出公告，通知权利人向人民法院登记。公告期间根据案件的具体情况确定，但不得少于三十日。 **第八十条** 根据民事诉讼法第五十四条规定向人民法院登记的权利人，应当证明其与对方当事人的法律关系和所受到的损害。证明不了的，不予登记，权利人可以另行起诉。人民法院的裁判在登记的范围内执行。未参加登记的权利人提起诉讼，人民法院认定其请求成立的，裁定适用人民法院已作出的判决、裁定。 **第八十一条** 根据民事诉讼法第五十六条的规定，有独立请求权的第三人有权向人民法院提出诉讼请求和事实、理由，成为当事人；无独立请求权的第三人，可以申请或者由人民法院通知参加诉讼。 第一审程序中未参加诉讼的第三人，申请参加第二审程序的，人民法院可以准许。 **第八十二条** 在一审诉讼中，无独立请求权的第三人无权提出管辖异议，无权放弃、变更诉讼请求或者申请撤诉，被判决承担民事责任的，有权提起上诉。	
第四十九条 当事人有权委托代理人，提出回避申请，收集、提供证据，进行辩论，请求调解，提起上诉，申请执行。		

中华人民共和国民事诉讼法	最高人民法院关于适用《中华人民共和国民事诉讼法》的解释	人民检察院民事诉讼监督规则（试行）
当事人可以查阅本案有关材料，并可以复制本案有关材料和法律文书。查阅、复制本案有关材料的范围和办法由最高人民法院规定。 当事人必须依法行使诉讼权利，遵守诉讼秩序，履行发生法律效力的判决书、裁定书和调解书。 **第五十条** 双方当事人可以自行和解。 **第五十一条** 原告可以放弃或者变更诉讼请求。被告可以承认或者反驳诉讼请求，有权提起反诉。 **第五十二条** 当事人一方或者双方为二人以上，其诉讼标的是共同的，或者诉讼标的是同一种类、人民法院认为可以合并审理并经当事人同意的，为共同诉讼。 共同诉讼的一方当事人对诉讼标的有共同权利义务的，其中一人的诉讼行为经其他共同诉讼人承认，对其他共同诉讼人发生效力；对诉讼标的没有共同权利义务的，其中一人的诉讼行为对其他共同诉讼人不发生效力。 **第五十三条** 当事人一方人数众多的共同诉讼，可以由当事人推选代表人进行诉讼。代表人的诉讼行为对其所代表的当事人发生效力，但代表人变更、放弃诉讼请求或者承认对方当事人的诉讼请求，进行和解，必须经被代表的当事人同意。		

中华人民共和国民事诉讼法	最高人民法院关于适用《中华人民共和国民事诉讼法》的解释	人民检察院民事诉讼监督规则（试行）
第五十四条　诉讼标的是同一种类、当事人一方人数众多在起诉时人数尚未确定的，人民法院可以发出公告，说明案件情况和诉讼请求，通知权利人在一定期间向人民法院登记。 　　向人民法院登记的权利人可以推选代表人进行诉讼；推选不出代表人的，人民法院可以与参加登记的权利人商定代表人。 　　代表人的诉讼行为对其所代表的当事人发生效力，但代表人变更、放弃诉讼请求或者承认对方当事人的诉讼请求，进行和解，必须经被代表的当事人同意。 　　人民法院作出的判决、裁定，对参加登记的全体权利人发生效力。未参加登记的权利人在诉讼时效期间提起诉讼的，适用该判决、裁定。 　　**第五十五条**　对污染环境、侵害众多消费者合法权益等损害社会公共利益的行为，法律规定的机关和有关组织可以向人民法院提起诉讼。 　　人民检察院在履行职责中发现破坏生态环境和资源保护、食品药品安全领域侵害众多消费者合法权益等损害社会公共利益的行为，在没有前款规定的机关和组织或者前款规定的机关和组织不提起诉讼的情况下，可以向人民法院提起诉讼。前款规定的机关或者组织提起诉讼的，人民检察院可以支持起诉。		

中华人民共和国民事诉讼法	最高人民法院关于适用《中华人民共和国民事诉讼法》的解释	人民检察院民事诉讼监督规则（试行）
第五十六条　对当事人双方的诉讼标的，第三人认为有独立请求权的，有权提起诉讼。 　　对当事人双方的诉讼标的，第三人虽然没有独立请求权，但案件处理结果同他有法律上的利害关系的，可以申请参加诉讼，或者由人民法院通知他参加诉讼。人民法院判决承担民事责任的第三人，有当事人的诉讼权利义务。 　　前两款规定的第三人，因不能归责于本人的事由未参加诉讼，但有证据证明发生法律效力的判决、裁定、调解书的部分或者全部内容错误，损害其民事权益的，可以自知道或者应当知道其民事权益受到损害之日起六个月内，向作出该判决、裁定、调解书的人民法院提起诉讼。人民法院经审理，诉讼请求成立的，应当改变或者撤销原判决、裁定、调解书；诉讼请求不成立的，驳回诉讼请求。		
第二节　诉讼代理人		
第五十七条　无诉讼行为能力人由他的监护人作为法定代理人代为诉讼。法定代理人之间互相推诿代理责任的，由人民法院指定其中一人代为诉讼。	**第八十三条**　在诉讼中，无民事行为能力人、限制民事行为能力人的监护人是他的法定代理人。事先没有确定监护人的，可以由有监护资格的人协商确定；协商不成的，由人民法院在他们之中指定诉讼中的法定代理人。当事人没有民法通则第十六条第一款、第二款或者第十七条第一款规定的监护人的，可以指定该法第十六条第四款或者第十七条第三款规定的有关组织担任诉讼中的法定代理人。	

中华人民共和国民事诉讼法	最高人民法院关于适用《中华人民共和国民事诉讼法》的解释	人民检察院民事诉讼监督规则（试行）
第五十八条　当事人、法定代理人可以委托一至二人作为诉讼代理人。 　　下列人员可以被委托为诉讼代理人： 　　（一）律师、基层法律服务工作者； 　　（二）当事人的近亲属或者工作人员； 　　（三）当事人所在社区、单位以及有关社会团体推荐的公民。	第八十四条　无民事行为能力人、限制民事行为能力人以及其他依法不能作为诉讼代理人的，当事人不得委托其作为诉讼代理人。 　　第八十五条　根据民事诉讼法第五十八条第二款第二项规定，与当事人有夫妻、直系血亲、三代以内旁系血亲、近姻亲关系以及其他有抚养、赡养关系的亲属，可以当事人近亲属的名义作为诉讼代理人。 　　第八十六条　根据民事诉讼法第五十八条第二款第二项规定，与当事人有合法劳动人事关系的职工，可以当事人工作人员的名义作为诉讼代理人。 　　第八十七条　根据民事诉讼法第五十八条第二款第三项规定，有关社会团体推荐公民担任诉讼代理人的，应当符合下列条件： 　　（一）社会团体属于依法登记设立或者依法免予登记设立的非营利性法人组织； 　　（二）被代理人属于该社会团体的成员，或者当事人一方住所地位于该社会团体的活动地域； 　　（三）代理事务属于该社会团体章程载明的业务范围； 　　（四）被推荐的公民是该社会团体的负责人或者与该社会团体有合法劳动人事关系的工作人员。 　　专利代理人经中华全国专利代理人协会推荐，可以在专利纠纷案件中担任诉讼代理人。	

中华人民共和国民事诉讼法	最高人民法院关于适用《中华人民共和国民事诉讼法》的解释	人民检察院民事诉讼监督规则（试行）
第五十九条　委托他人代为诉讼，必须向人民法院提交由委托人签名或者盖章的授权委托书。 　　授权委托书必须记明委托事项和权限。诉讼代理人代为承认、放弃、变更诉讼请求，进行和解，提起反诉或者上诉，必须有委托人的特别授权。 　　侨居在国外的中华人民共和国公民从国外寄交或者托交的授权委托书，必须经中华人民共和国驻该国的使领馆证明；没有使领馆的，由与中华人民共和国有外交关系的第三国驻该国的使领馆证明，再转由中华人民共和国驻该第三国使领馆证明，或者由当地的爱国华侨团体证明。	**第八十八条**　诉讼代理人除根据民事诉讼法第五十九条规定提交授权委托书外，还应当按照下列规定向人民法院提交相关材料： 　　（一）律师应当提交律师执业证、律师事务所证明材料； 　　（二）基层法律服务工作者应当提交法律服务工作者执业证、基层法律服务所出具的介绍信以及当事人一方位于本辖区内的证明材料； 　　（三）当事人的近亲属应当提交身份证件和与委托人有近亲属关系的证明材料； 　　（四）当事人的工作人员应当提交身份证件和与当事人有合法劳动人事关系的证明材料； 　　（五）当事人所在社区、单位推荐的公民应当提交身份证件、推荐材料和当事人属于该社区、单位的证明材料； 　　（六）有关社会团体推荐的公民应当提交身份证件和符合本解释第八十七条规定条件的证明材料。 　　**第八十九条**　当事人向人民法院提交的授权委托书，应当在开庭审理前送交人民法院。授权委托书仅写"全权代理"而无具体授权的，诉讼代理人无权代为承认、放弃、变更诉讼请求，进行和解，提出反诉或者提起上诉。	

中华人民共和国民事诉讼法	最高人民法院关于适用《中华人民共和国民事诉讼法》的解释	人民检察院民事诉讼监督规则（试行）
第六十条　诉讼代理人的权限如果变更或者解除，当事人应当书面告知人民法院，并由人民法院通知对方当事人。 　　**第六十一条**　代理诉讼的律师和其他诉讼代理人有权调查收集证据，可以查阅本案有关材料。查阅本案有关材料的范围和办法由最高人民法院规定。 　　**第六十二条**　离婚案件有诉讼代理人的，本人除不能表达意思的以外，仍应出庭；确因特殊情况无法出庭的，必须向人民法院提交书面意见。	适用简易程序审理的案件，双方当事人同时到庭并径行开庭审理的，可以当场口头委托诉讼代理人，由人民法院记入笔录。	
第六章　证据	**四、证据**	
第六十三条　证据包括： 　　（一）当事人的陈述； 　　（二）书证； 　　（三）物证； 　　（四）视听资料； 　　（五）电子数据； 　　（六）证人证言； 　　（七）鉴定意见； 　　（八）勘验笔录。 　　证据必须查证属实，才能作为认定事实的根据。		

中华人民共和国民事诉讼法	最高人民法院关于适用《中华人民共和国民事诉讼法》的解释	人民检察院民事诉讼监督规则（试行）
第六十四条 当事人对自己提出的主张，有责任提供证据。 当事人及其诉讼代理人因客观原因不能自行收集的证据，或者人民法院认为审理案件需要的证据，人民法院应当调查收集。 人民法院应当按照法定程序，全面地、客观地审查核实证据。 **第六十五条** 当事人对自己提出的主张应当及时提供证据。 人民法院根据当事人的主张和案件审理情况，确定当事人应当提供的证据及其期限。当事人在该期限内提供证据确有困难的，可以向人民法院申请延长期限，人民法院根据当事人的申请适当延长。当事人逾期提供证据的，人民法院应当责令其说明理由；拒不说明理由或者理由不成立的，人民法院根据不同情形可以不予采纳该证据，或者采纳该证据但予以训诫、罚款。	**第九十条** 当事人对自己提出的诉讼请求所依据的事实或者反驳对方诉讼请求所依据的事实，应当提供证据加以证明，但法律另有规定的除外。 在作出判决前，当事人未能提供证据或者证据不足以证明其事实主张的，由负有举证证明责任的当事人承担不利的后果。 **第九十一条** 人民法院应当依照下列原则确定举证证明责任的承担，但法律另有规定的除外： （一）主张法律关系存在的当事人，应当对产生该法律关系的基本事实承担举证证明责任； （二）主张法律关系变更、消灭或者权利受到妨害的当事人，应当对该法律关系变更、消灭或者权利受到妨害的基本事实承担举证证明责任。 **第九十二条** 一方当事人在法庭审理中，或者在起诉状、答辩状、代理词等书面材料中，对于己不利的事实明确表示承认的，另一方当事人无需举证证明。 对于涉及身份关系、国家利益、社会公共利益等应当由人民法院依职权调查的事实，不适用前款自认的规定。 自认的事实与查明的事实不符的，人民法院不予确认。	

中华人民共和国民事诉讼法	最高人民法院关于适用《中华人民共和国民事诉讼法》的解释	人民检察院民事诉讼监督规则（试行）
	第九十三条 下列事实，当事人无须举证证明： （一）自然规律以及定理、定律； （二）众所周知的事实； （三）根据法律规定推定的事实； （四）根据已知的事实和日常生活经验法则推定出的另一事实； （五）已为人民法院发生法律效力的裁判所确认的事实； （六）已为仲裁机构生效裁决所确认的事实； （七）已为有效公证文书所证明的事实。 前款第二项至第四项规定的事实，当事人有相反证据足以反驳的除外；第五项至第七项规定的事实，当事人有相反证据足以推翻的除外。	
第六十六条 人民法院收到当事人提交的证据材料，应当出具收据，写明证据名称、页数、份数、原件或者复印件以及收到时间等，并由经办人员签名或者盖章。		
	第九十四条 民事诉讼法第六十四条第二款规定的当事人及其诉讼代理人因客观原因不能自行收集的证据包括： （一）证据由国家有关部门保存，当事人及其诉讼代理人无权查阅调取的； （二）涉及国家秘密、商业秘密或者个人隐私的；	

中华人民共和国民事诉讼法	最高人民法院关于适用《中华人民共和国民事诉讼法》的解释	人民检察院民事诉讼监督规则（试行）
	（三）当事人及其诉讼代理人因客观原因不能自行收集的其他证据。 当事人及其诉讼代理人因客观原因不能自行收集的证据，可以在举证期限届满前书面申请人民法院调查收集。 **第九十五条** 当事人申请调查收集的证据，与待证事实无关联、对证明待证事实无意义或者其他无调查收集必要的，人民法院不予准许。 **第九十六条** 民事诉讼法第六十四条第二款规定的人民法院认为审理案件需要的证据包括： （一）涉及可能损害国家利益、社会公共利益的； （二）涉及身份关系的； （三）涉及民事诉讼法第五十五条规定诉讼的； （四）当事人有恶意串通损害他人合法权益可能的； （五）涉及依职权追加当事人、中止诉讼、终结诉讼、回避等程序性事项的。 除前款规定外，人民法院调查收集证据，应当依照当事人的申请进行。 **第九十七条** 人民法院调查收集证据，应当由两人以上共同进行。调查材料要由调查人、被调查人、记录人签名、捺印或者盖章。	
第六十七条 人民法院有权向有关单位和个人调查取证，有关单位和个人不得拒绝。 人民法院对有关单位和个人提出的证明文书，应当辨别真伪，审查确定其效力。		

中华人民共和国民事诉讼法	最高人民法院关于适用《中华人民共和国民事诉讼法》的解释	人民检察院民事诉讼监督规则（试行）
第八十一条　在证据可能灭失或者以后难以取得的情况下，当事人可以在诉讼过程中向人民法院申请保全证据，人民法院也可以主动采取保全措施。 　　因情况紧急，在证据可能灭失或者以后难以取得的情况下，利害关系人可以在提起诉讼或者申请仲裁前向证据所在地、被申请人住所地或者对案件有管辖权的人民法院申请保全证据。 　　证据保全的其他程序，参照适用本法第九章保全的有关规定。	**第九十八条**　当事人根据民事诉讼法第八十一条第一款规定申请证据保全的，可以在举证期限届满前书面提出。 　　证据保全可能对他人造成损失的，人民法院应当责令申请人提供相应的担保。 　　**第九十九条**　人民法院应当在审理前的准备阶段确定当事人的举证期限。举证期限可以由当事人协商，并经人民法院准许。 　　人民法院确定举证期限，第一审普通程序案件不得少于十五日，当事人提供新的证据的第二审案件不得少于十日。 　　举证期限届满后，当事人对已经提供的证据，申请提供反驳证据或者对证据来源、形式等方面的瑕疵进行补正的，人民法院可以酌情再次确定举证期限，该期限不受前款规定的限制。 　　**第一百条**　当事人申请延长举证期限的，应当在举证期限届满前向人民法院提出书面申请。	

中华人民共和国民事诉讼法	最高人民法院关于适用《中华人民共和国民事诉讼法》的解释	人民检察院民事诉讼监督规则（试行）
	申请理由成立的，人民法院应当准许，适当延长举证期限，并通知其他当事人。延长的举证期限适用于其他当事人。 申请理由不成立的，人民法院不予准许，并通知申请人。 **第一百零一条** 当事人逾期提供证据的，人民法院应当责令其说明理由，必要时可以要求其提供相应的证据。 当事人因客观原因逾期提供证据，或者对方当事人对逾期提供证据未提出异议的，视为未逾期。 **第一百零二条** 当事人因故意或者重大过失逾期提供的证据，人民法院不予采纳。但该证据与案件基本事实有关的，人民法院应当采纳，并依照民事诉讼法第六十五条、第一百一十五条第一款的规定予以训诫、罚款。 当事人非因故意或者重大过失逾期提供的证据，人民法院应当采纳，并对当事人予以训诫。 当事人一方要求另一方赔偿因逾期提供证据致使其增加的交通、住宿、就餐、误工、证人出庭作证等必要费用的，人民法院可予支持。	
第六十八条 证据应当在法庭上出示，并由当事人互相质证。对涉及国家秘密、商业秘密和个人隐私的证据应当保密，需要在法庭出示的，不得在公开开庭时出示。	**第一百零三条** 证据应当在法庭上出示，由当事人互相质证。未经当事人质证的证据，不得作为认定案件事实的根据。	

中华人民共和国民事诉讼法	最高人民法院关于适用《中华人民共和国民事诉讼法》的解释	人民检察院民事诉讼监督规则（试行）
第六十九条 经过法定程序公证证明的法律事实和文书，人民法院应当作为认定事实的根据，但有相反证据足以推翻公证证明的除外。	当事人在审理前的准备阶段认可的证据，经审判人员在庭审中说明后，视为质证过的证据。 涉及国家秘密、商业秘密、个人隐私或者法律规定应当保密的证据，不得公开质证。 **第二百二十条** 民事诉讼法第六十八条、第一百三十四条、第一百五十六条规定的商业秘密，是指生产工艺、配方、贸易联系、购销渠道等当事人不愿公开的技术秘密、商业情报及信息。 **第一百零四条** 人民法院应当组织当事人围绕证据的真实性、合法性以及与待证事实的关联性进行质证，并针对证据有无证明力和证明力大小进行说明和辩论。 能够反映案件真实情况、与待证事实相关联、来源和形式符合法律规定的证据，应当作为认定案件事实的根据。 **第一百零五条** 人民法院应当按照法定程序，全面、客观地审核证据，依照法律规定，运用逻辑推理和日常生活经验法则，对证据有无证明力和证明力大小进行判断，并公开判断的理由和结果。	

中华人民共和国民事诉讼法	最高人民法院关于适用《中华人民共和国民事诉讼法》的解释	人民检察院民事诉讼监督规则（试行）
	第一百零六条 对以严重侵害他人合法权益、违反法律禁止性规定或者严重违背公序良俗的方法形成或者获取的证据，不得作为认定案件事实的根据。	
	第一百零七条 在诉讼中，当事人为达成调解协议或者和解协议作出妥协而认可的事实，不得在后续的诉讼中作为对其不利的根据，但法律另有规定或者当事人均同意的除外。	
	第一百零八条 对负有举证证明责任的当事人提供的证据，人民法院经审查并结合相关事实，确信待证事实的存在具有高度可能性的，应当认定该事实存在。	
	对一方当事人为反驳负有举证证明责任的当事人所主张事实而提供的证据，人民法院经审查并结合相关事实，认为待证事实真伪不明的，应当认定该事实不存在。	
	法律对于待证事实所应达到的证明标准另有规定的，从其规定。	
	第一百零九条 当事人对欺诈、胁迫、恶意串通事实的证明，以及对口头遗嘱或者赠与事实的证明，人民法院确信该待证事实存在的可能性能够排除合理怀疑的，应当认定该事实存在。	
	第一百一十条 人民法院认为有必要的，可以要求当事人本人到庭，就案件有关事实接受询问。在询问当事人之前，可以要求其签署保证书。	

中华人民共和国民事诉讼法	最高人民法院关于适用《中华人民共和国民事诉讼法》的解释	人民检察院民事诉讼监督规则（试行）
第七十条 书证应当提交原件。物证应当提交原物。提交原件或者原物确有困难的，可以提交复制品、照片、副本、节录本。 提交外文书证，必须附有中文译本。	保证书应当载明据实陈述、如有虚假陈述愿意接受处罚等内容。当事人应当在保证书上签名或者捺印。 负有举证证明责任的当事人拒绝到庭、拒绝接受询问或者拒绝签署保证书，待证事实又欠缺其他证据证明的，人民法院对其主张的事实不予认定。 **第一百一十一条** 民事诉讼法第七十条规定的提交书证原件确有困难，包括下列情形： （一）书证原件遗失、灭失或者毁损的； （二）原件在对方当事人控制之下，经合法通知提交而拒不提交的； （三）原件在他人控制之下，而其有权不提交的； （四）原件因篇幅或者体积过大而不便提交的； （五）承担举证证明责任的当事人通过申请人民法院调查收集或者其他方式无法获得书证原件的。 前款规定情形，人民法院应当结合其他证据和案件具体情况，审查判断书证复制品等能否作为认定案件事实的根据。 **第一百一十二条** 书证在对方当事人控制之下的，承担举证证明责任的当事人可以在举证期限届满前书面申请人民法院责令对方当事人提交。	

中华人民共和国民事诉讼法	最高人民法院关于适用《中华人民共和国民事诉讼法》的解释	人民检察院民事诉讼监督规则（试行）
	申请理由成立的，人民法院应当责令对方当事人提交，因提交书证所产生的费用，由申请人负担。对方当事人无正当理由拒不提交的，人民法院可以认定申请人所主张的书证内容为真实。 第一百一十三条　持有书证的当事人以妨碍对方当事人使用为目的，毁灭有关书证或者实施其他致使书证不能使用行为的，人民法院可以依照民事诉讼法第一百一十一条规定，对其处以罚款、拘留。 第一百一十四条　国家机关或者其他依法具有社会管理职能的组织，在其职权范围内制作的文书所记载的事项推定为真实，但有相反证据足以推翻的除外。必要时，人民法院可以要求制作文书的机关或者组织对文书的真实性予以说明。 第一百一十五条　单位向人民法院提出的证明材料，应当由单位负责人及制作证明材料的人员签名或者盖章，并加盖单位印章。人民法院就单位出具的证明材料，可以向单位及制作证明材料的人员进行调查核实。必要时，可以要求制作证明材料的人员出庭作证。 单位及制作证明材料的人员拒绝人民法院调查核实，或者制作证明材料的人员无正当理由拒绝出庭作证的，该证明材料不得作为认定案件事实的根据。	

中华人民共和国民事诉讼法	最高人民法院关于适用《中华人民共和国民事诉讼法》的解释	人民检察院民事诉讼监督规则（试行）
第七十一条 人民法院对视听资料，应当辨别真伪，并结合本案的其他证据，审查确定能否作为认定事实的根据。	**第一百一十六条** 视听资料包括录音资料和影像资料。 电子数据是指通过电子邮件、电子数据交换、网上聊天记录、博客、微博客、手机短信、电子签名、域名等形成或者存储在电子介质中的信息。 存储在电子介质中的录音资料和影像资料，适用电子数据的规定。	
第七十二条 凡是知道案件情况的单位和个人，都有义务出庭作证。有关单位的负责人应当支持证人作证。 不能正确表达意思的人，不能作证。 **第七十三条** 经人民法院通知，证人应当出庭作证。有下列情形之一的，经人民法院许可，可以通过书面证言、视听传输技术或者视听资料等方式作证： （一）因健康原因不能出庭的； （二）因路途遥远，交通不便不能出庭的； （三）因自然灾害等不可抗力不能出庭的； （四）其他有正当理由不能出庭的。 **第七十四条** 证人因履行出庭作证义务而支出的交通、住宿、就餐等必要费用以及误工损失，由败诉一方当事人负担。当事人申请证人作证的，由该当事人先行垫付；当事人没有申请，人民法院通知证人作证的，由人民法院先行垫付。	**第一百一十七条** 当事人申请证人出庭作证的，应当在举证期限届满前提出。 符合本解释**第九十六条**第一款规定情形的，人民法院可以依职权通知证人出庭作证。 未经人民法院通知，证人不得出庭作证，但双方当事人同意并经人民法院准许的除外。 **第一百一十八条** 民事诉讼法第七十四条规定的证人因履行出庭作证义务而支出的交通、住宿、就餐等必要费用，按照机关事业单位工作人员差旅费用和补贴标准计算；误工损失按照国家上年度职工日平均工资标准计算。 人民法院准许证人出庭作证申请的，应当通知申请人预缴证人出庭作证费用。 **第一百一十九条** 人民法院在证人出庭作证前应当告知其如实作证的义务以及作伪证的法律后果，并责令其签署保证书，但无民事行为能力人和限制民事行为能力人除外。 证人签署保证书适用本解释关于当事人签署保证书的规定。	

中华人民共和国民事诉讼法	最高人民法院关于适用《中华人民共和国民事诉讼法》的解释	人民检察院民事诉讼监督规则（试行）
	第一百二十条 证人拒绝签署保证书的，不得作证，并自行承担相关费用。	
第七十五条 人民法院对当事人的陈述，应当结合本案的其他证据，审查确定能否作为认定事实的根据。 当事人拒绝陈述的，不影响人民法院根据证据认定案件事实。 **第七十六条** 当事人可以就查明事实的专门性问题向人民法院申请鉴定。当事人申请鉴定的，由双方当事人协商确定具备资格的鉴定人；协商不成的，由人民法院指定。 当事人未申请鉴定，人民法院对专门性问题认为需要鉴定的，应当委托具备资格的鉴定人进行鉴定。	**第一百二十一条** 当事人申请鉴定，可以在举证期限届满前提出。申请鉴定的事项与待证事实无关联，或者对证明待证事实无意义的，人民法院不予准许。 人民法院准许当事人鉴定申请的，应当组织双方当事人协商确定具备相应资格的鉴定人。当事人协商不成的，由人民法院指定。 符合依职权调查收集证据条件的，人民法院应当依职权委托鉴定，在询问当事人的意见后，指定具备相应资格的鉴定人。 **第一百二十二条** 当事人可以依照民事诉讼法第七十九条的规定，在举证期限届满前申请一至二名具有专门知识的人出庭，代表当事人对鉴定意见进行质证，或者对案件事实所涉及的专业问题提出意见。 具有专门知识的人在法庭上就专业问题提出的意见，视为当事人的陈述。 人民法院准许当事人申请的，相关费用由提出申请的当事人负担。	

中华人民共和国民事诉讼法	最高人民法院关于适用《中华人民共和国民事诉讼法》的解释	人民检察院民事诉讼监督规则（试行）
第七十七条　鉴定人有权了解进行鉴定所需要的案件材料，必要时可以询问当事人、证人。 　　鉴定人应当提出书面鉴定意见，在鉴定书上签名或者盖章。 　　**第七十八条**　当事人对鉴定意见有异议或者人民法院认为鉴定人有必要出庭的，鉴定人应当出庭作证。经人民法院通知，鉴定人拒不出庭作证的，鉴定意见不得作为认定事实的根据；支付鉴定费用的当事人可以要求返还鉴定费用。 　　**第七十九条**　当事人可以申请人民法院通知有专门知识的人出庭，就鉴定人作出的鉴定意见或者专业问题提出意见。 　　**第八十条**　勘验物证或者现场，勘验人必须出示人民法院的证件，并邀请当地基层组织或者当事人所在单位派人参加。当事人或者当事人的成年家属应当到场，拒不到场的，不影响勘验的进行。 　　有关单位和个人根据人民法院的通知，有义务保护现场，协助勘验工作。 　　勘验人应当将勘验情况和结果制作笔录，由勘验人、当事人和被邀参加人签名或者盖章。	**第一百二十三条**　人民法院可以对出庭的具有专门知识的人进行询问。经法庭准许，当事人可以对出庭的具有专门知识的人进行询问，当事人各自申请的具有专门知识的人可以就案件中的有关问题进行对质。 　　具有专门知识的人不得参与专业问题之外的法庭审理活动。 　　**第一百二十四条**　人民法院认为有必要的，可以根据当事人的申请或者依职权对物证或者现场进行勘验。勘验时应当保护他人的隐私和尊严。 　　人民法院可以要求鉴定人参与勘验。必要时，可以要求鉴定人在勘验中进行鉴定。	

中华人民共和国民事诉讼法	最高人民法院关于适用《中华人民共和国民事诉讼法》的解释	人民检察院民事诉讼监督规则（试行）
第七章　期间、送达	五、期间和送达	
第一节　期间		
第八十二条　期间包括法定期间和人民法院指定的期间。 　　期间以时、日、月、年计算。期间开始的时和日，不计算在期间内。 　　期间届满的最后一日是节假日的，以节假日后的第一日为期间届满的日期。 　　期间不包括在途时间，诉讼文书在期满前交邮的，不算过期。	**第一百二十五条**　依照民事诉讼法第八十二条第二款规定，民事诉讼中以时起算的期间从次时起算；以日、月、年计算的期间从次日起算。 　　**第一百二十六条**　民事诉讼法第一百二十三条规定的立案期限，因起诉状内容欠缺通知原告补正的，从补正后交人民法院的次日起算。由上级人民法院转交下级人民法院立案的案件，从受诉人民法院收到起诉状的次日起算。 　　**第一百二十七条**　民事诉讼法第五十六条第三款、第二百零五条以及本解释第三百七十四条、第三百八十四条、第四百零一条、第四百二十二条、第四百二十三条规定的六个月，民事诉讼法第二百二十三条规定的一年，为不变期间，不适用诉讼时效中止、中断、延长的规定。	

中华人民共和国民事诉讼法	最高人民法院关于适用《中华人民共和国民事诉讼法》的解释	人民检察院民事诉讼监督规则（试行）
	第一百二十八条 再审案件按照第一审程序或者第二审程序审理的，适用民事诉讼法第一百四十九条、第一百七十六条规定的审限。审限自再审立案的次日起算。 **第一百二十九条** 对申请再审案件，人民法院应当自受理之日起三个月内审查完毕，但公告期间、当事人和解期间等不计入审查期限。有特殊情况需要延长的，由本院院长批准。	
第八十三条 当事人因不可抗拒的事由或者其他正当理由耽误期限的，在障碍消除后的十日内，可以申请顺延期限，是否准许，由人民法院决定。		
第二节 送达		
第八十四条 送达诉讼文书必须有送达回证，由受送达人在送达回证上记明收到日期，签名或者盖章。 受送达人在送达回证上的签收日期为送达日期。 **第八十五条** 送达诉讼文书，应当直接送交受送达人。受送达人是公民的，本人不在交他的同住成年家属签收；受送达人是法人或者其他组织的，应当由法人的法定代表人、其他组织的主要负责人或者该法人、组织负责收件的人签收；受送达人有诉讼代理人的，可以送交其代理人签收；受送达人已向人民法院指定代收人的，送交代收人签收。	**第一百三十条** 向法人或者其他组织送达诉讼文书，应当由法人的法定代表人、该组织的主要负责人或者办公室、收发室、值班室等负责收件的人签收或者盖章，拒绝签收或者盖章的，适用留置送达。	

中华人民共和国民事诉讼法	最高人民法院关于适用《中华人民共和国民事诉讼法》的解释	人民检察院民事诉讼监督规则（试行）
受送达人的同住成年家属，法人或者其他组织的负责收件的人，诉讼代理人或者代收人在送达回证上签收的日期为送达日期。 　　**第八十六条**　受送达人或者他的同住成年家属拒绝接收诉讼文书的，送达人可以邀请有关基层组织或者所在单位的代表到场，说明情况，在送达回证上记明拒收事由和日期，由送达人、见证人签名或者盖章，把诉讼文书留在受送达人的住所；也可以把诉讼文书留在受送达人的住所，并采用拍照、录像等方式记录送达过程，即视为送达。 　　**第八十七条**　经受送达人同意，人民法院可以采用传真、电子邮件等能够确认其收悉的方式送达诉讼文书，但判决书、裁定书、调解书除外。 　　采用前款方式送达的，以传真、电子邮件等到达受送达人特定系统的日期为送达日期。	民事诉讼法第八十六条规定的有关基层组织和所在单位的代表，可以是受送达人住所地的居民委员会、村民委员会的工作人员以及受送达人所在单位的工作人员。 　　**第一百三十五条**　电子送达可以采用传真、电子邮件、移动通信等即时收悉的特定系统作为送达媒介。 　　民事诉讼法第八十七条第二款规定的到达受送达人特定系统的日期，为人民法院对应系统显示发送成功的日期，但受送达人证明到达其特定系统的日期与人民法院对应系统显示发送成功的日期不一致的，以受送达人证明到达其特定系统的日期为准。 　　**第一百三十六条**　受送达人同意采用电子方式送达的，应当在送达地址确认书中予以确认。	

中华人民共和国民事诉讼法	最高人民法院关于适用《中华人民共和国民事诉讼法》的解释	人民检察院民事诉讼监督规则（试行）
第八十八条 直接送达诉讼文书有困难的，可以委托其他人民法院代为送达，或者邮寄送达。邮寄送达的，以回执上注明的收件日期为送达日期。	**第一百三十一条** 人民法院直接送达诉讼文书的，可以通知当事人到人民法院领取。当事人到达人民法院，拒绝签署送达回证的，视为送达。审判人员、书记员应当在送达回证上注明送达情况并签名。 人民法院可以在当事人住所地以外向当事人直接送达诉讼文书。当事人拒绝签署送达回证的，采用拍照、录像等方式记录送达过程即视为送达。审判人员、书记员应当在送达回证上注明送达情况并签名。 **第一百三十二条** 受送达人有诉讼代理人的，人民法院既可以向受送达人送达，也可以向其诉讼代理人送达。受送达人指定诉讼代理人为代收人的，向诉讼代理人送达时，适用留置送达。 **第一百三十三条** 调解书应当直接送达当事人本人，不适用留置送达。当事人本人因故不能签收的，可由其指定的代收人签收。 **第一百三十四条** 依照民事诉讼法第八十八条规定，委托其他人民法院代为送达的，委托法院应当出具委托函，并附需要送达的诉讼文书和送达回证，以受送达人在送达回证上签收的日期为送达日期。	

中华人民共和国民事诉讼法	最高人民法院关于适用《中华人民共和国民事诉讼法》的解释	人民检察院民事诉讼监督规则（试行）
第八十九条　受送达人是军人的，通过其所在部队团以上单位的政治机关转交。 　　**第九十条**　受送达人被监禁的，通过其所在监所转交。 　　受送达人被采取强制性教育措施的，通过其所在强制性教育机构转交。 　　**第九十一条**　代为转交的机关、单位收到诉讼文书后，必须立即交受送达人签收，以在送达回证上的签收日期，为送达日期。 　　**第九十二条**　受送达人下落不明，或者用本节规定的其他方式无法送达的，公告送达。自发出公告之日起，经过六十日，即视为送达。 　　公告送达，应当在案卷中记明原因和经过。	委托送达的，受委托人民法院应当自收到委托函及相关诉讼文书之日起十日内代为送达。 　　**第一百三十七条**　当事人在提起上诉、申请再审、申请执行时未书面变更送达地址的，其在第一审程序中确认的送达地址可以作为第二审程序、审判监督程序、执行程序的送达地址。 　　**第一百三十八条**　公告送达可以在法院的公告栏和受送达人住所地张贴公告，也可以在报纸、信息网络等媒体上刊登公告，发出公告日期以最后张贴或者刊登的日期为准。对公告送达方式有特殊要求的，应当按要求的方式进行。公告期满，即视为送达。 　　人民法院在受送达人住所地张贴公告的，应当采取拍照、录像等方式记录张贴过程。	

中华人民共和国民事诉讼法	最高人民法院关于适用《中华人民共和国民事诉讼法》的解释	人民检察院民事诉讼监督规则（试行）
	第一百三十九条　公告送达应当说明公告送达的原因；公告送达起诉状或者上诉状副本的，应当说明起诉或者上诉要点，受送达人答辩期限及逾期不答辩的法律后果；公告送达传票，应当说明出庭的时间和地点及逾期不出庭的法律后果；公告送达判决书、裁定书的，应当说明裁判主要内容，当事人有权上诉的，还应当说明上诉权利、上诉期限和上诉的人民法院。 第一百四十条　适用简易程序的案件，不适用公告送达。 第一百四十一条　人民法院在定期宣判时，当事人拒不签收判决书、裁定书的，应视为送达，并在宣判笔录中记明。	
第八章　调解	六、调解	
	第一百四十二条　人民法院受理案件后，经审查，认为法律关系明确、事实清楚，在征得当事人双方同意后，可以径行调解。 第一百四十三条　适用特别程序、督促程序、公示催告程序的案件，婚姻等身份关系确认案件以及其他根据案件性质不能进行调解的案件，不得调解。 第一百四十四条　人民法院审理民事案件，发现当事人之间恶意串通，企图通过和解、调解方式侵害他人合法权益的，应当依照民事诉讼法第一百一十二条的规定处理。	

中华人民共和国民事诉讼法	最高人民法院关于适用《中华人民共和国民事诉讼法》的解释	人民检察院民事诉讼监督规则（试行）
第九十三条 人民法院审理民事案件，根据当事人自愿的原则，在事实清楚的基础上，分清是非，进行调解。	**第一百四十五条** 人民法院审理民事案件，应当根据自愿、合法的原则进行调解。当事人一方或者双方坚持不愿调解的，应当及时裁判。 人民法院审理离婚案件，应当进行调解，但不应久调不决。 **第一百四十六条** 人民法院审理民事案件，调解过程不公开，但当事人同意公开的除外。 调解协议内容不公开，但为保护国家利益、社会公共利益、他人合法权益，人民法院认为确有必要公开的除外。 主持调解以及参与调解的人员，对调解过程以及调解过程中获悉的国家秘密、商业秘密、个人隐私和其他不宜公开的信息，应当保守秘密，但为保护国家利益、社会公共利益、他人合法权益的除外。 **第一百四十七条** 人民法院调解案件时，当事人不能出庭的，经其特别授权，可由其委托代理人参加调解，达成的调解协议，可由委托代理人签名。 离婚案件当事人确因特殊情况无法出庭参加调解的，除本人不能表达意志的以外，应当出具书面意见。	
第九十四条 人民法院进行调解，可以由审判员一人主持，也可以由合议庭主持，并尽可能就地进行。		

中华人民共和国民事诉讼法	最高人民法院关于适用《中华人民共和国民事诉讼法》的解释	人民检察院民事诉讼监督规则（试行）
人民法院进行调解，可以用简便方式通知当事人、证人到庭。 　　**第九十五条**　人民法院进行调解，可以邀请有关单位和个人协助。被邀请的单位和个人，应当协助人民法院进行调解。 　　**第九十六条**　调解达成协议，必须双方自愿，不得强迫。调解协议的内容不得违反法律规定。 　　**第九十七条**　调解达成协议，人民法院应当制作调解书。调解书应当写明诉讼请求、案件的事实和调解结果。 　　调解书由审判人员、书记员署名，加盖人民法院印章，送达双方当事人。 　　调解书经双方当事人签收后，即具有法律效力。 　　**第九十八条**　下列案件调解达成协议，人民法院可以不制作调解书： 　　（一）调解和好的离婚案件； 　　（二）调解维持收养关系的案件； 　　（三）能够即时履行的案件；	**第一百四十八条**　当事人自行和解或者调解达成协议后，请求人民法院按照和解协议或者调解协议的内容制作判决书的，人民法院不予准许。 　　无民事行为能力人的离婚案件，由其法定代理人进行诉讼。法定代理人与对方达成协议要求发给判决书的，可根据协议内容制作判决书。 　　**第一百四十九条**　调解书需经当事人签收后才发生法律效力的，应当以最后收到调解书的当事人签收的日期为调解书生效日期。	

中华人民共和国民事诉讼法	最高人民法院关于适用《中华人民共和国民事诉讼法》的解释	人民检察院民事诉讼监督规则（试行）
（四）其他不需要制作调解书的案件。 对不需要制作调解书的协议，应当记入笔录，由双方当事人、审判人员、书记员签名或者盖章后，即具有法律效力。 **第九十九条** 调解未达成协议或者调解书送达前一方反悔的，人民法院应当及时判决。	**第一百五十一条** 根据民事诉讼法第九十八条第一款第四项规定，当事人各方同意在调解协议上签名或者盖章后即发生法律效力的，经人民法院审查确认后，应当记入笔录或者将调解协议附卷，并由当事人、审判人员、书记员签名或者盖章后即具有法律效力。 前款规定情形，当事人请求制作调解书的，人民法院审查确认后可以制作调解书送交当事人。当事人拒收调解书的，不影响调解协议的效力。 **第一百五十条** 人民法院调解民事案件，需由无独立请求权的第三人承担责任的，应当经其同意。该第三人在调解书送达前反悔的，人民法院应当及时裁判。	
第九章　保全和先予执行	**七、保全和先予执行**	
第一百条 人民法院对于可能因当事人一方的行为或者其他原因，使判决难以执行或者造成当事人其他损害的案件，根据对方当事人的申请，可以裁定对其财产进行保全、责令其作出一定行为或者禁止其作出一定行为；当事人没有提出申请的，人民法院在必要时也可以裁定采取保全措施。 人民法院采取保全措施，可以责令申请人提供担保，申请人不提供担保的，裁定驳回申请。	**第一百五十二条** 人民法院依照民事诉讼法第一百条、第一百零一条规定，在采取诉前保全、诉讼保全措施时，责令利害关系人或者当事人提供担保的，应当书面通知。 利害关系人申请诉前保全的，应当提供担保。申请诉前财产保全的，应当提供相当于请求保全数额的担保；情况特殊的，人民法院可以酌情处理。申请诉前行为保全的，担保的数额由人民法院根据案件的具体情况决定。	

中华人民共和国民事诉讼法	最高人民法院关于适用《中华人民共和国民事诉讼法》的解释	人民检察院民事诉讼监督规则（试行）
人民法院接受申请后，对情况紧急的，必须在四十八小时内作出裁定；裁定采取保全措施的，应当立即开始执行。 　　**第一百零一条**　利害关系人因情况紧急，不立即申请保全将会使其合法权益受到难以弥补的损害的，可以在提起诉讼或者申请仲裁前向被保全财产所在地、被申请人住所地或者对案件有管辖权的人民法院申请采取保全措施。申请人应当提供担保，不提供担保的，裁定驳回申请。 　　人民法院接受申请后，必须在四十八小时内作出裁定；裁定采取保全措施的，应当立即开始执行。 　　申请人在人民法院采取保全措施后三十日内不依法提起诉讼或者申请仲裁的，人民法院应当解除保全。 　　**第一百零二条**　保全限于请求的范围，或者与本案有关的财物。 　　**第一百零三条**　财产保全采取查封、扣押、冻结或者法律规定的其他方法。人民法院保全财产后，应当立即通知被保全财产的人。 　　财产已被查封、冻结的，不得重复查封、冻结。	在诉讼中，人民法院依申请或者依职权采取保全措施的，应当根据案件的具体情况，决定当事人是否应当提供担保以及担保的数额。 　　**第一百五十三条**　人民法院对季节性商品、鲜活、易腐烂变质以及其他不宜长期保存的物品采取保全措施时，可以责令当事人及时处理，由人民法院保存价款；必要时，人民法院可予以变卖，保存价款。	

中华人民共和国民事诉讼法	最高人民法院关于适用《中华人民共和国民事诉讼法》的解释	人民检察院民事诉讼监督规则（试行）
	第一百五十四条 人民法院在财产保全中采取查封、扣押、冻结财产措施时，应当妥善保管被查封、扣押、冻结的财产。不宜由人民法院保管的，人民法院可以指定被保全人负责保管；不宜由被保全人保管的，可以委托他人或者申请保全人保管。 查封、扣押、冻结担保物权人占有的担保财产，一般由担保物权人保管；由人民法院保管的，质权、留置权不因采取保全措施而消灭。 **第一百五十五条** 由人民法院指定被保全人保管的财产，如果继续使用对该财产的价值无重大影响，可以允许被保全人继续使用；由人民法院保管或者委托他人、申请保全人保管的财产，人民法院和其他保管人不得使用。 **第一百五十六条** 人民法院采取财产保全的方法和措施，依照执行程序相关规定办理。 **第一百五十七条** 人民法院对抵押物、质押物、留置物可以采取财产保全措施，但不影响抵押权人、质权人、留置权人的优先受偿权。 **第一百五十八条** 人民法院对债务人到期应得的收益，可以采取财产保全措施，限制其支取，通知有关单位协助执行。	

中华人民共和国民事诉讼法	最高人民法院关于适用《中华人民共和国民事诉讼法》的解释	人民检察院民事诉讼监督规则（试行）
	第一百五十九条 债务人的财产不能满足保全请求，但对他人有到期债权的，人民法院可以依债权人的申请裁定该他人不得对本案债务人清偿。该他人要求偿付的，由人民法院提存财物或者价款。 **第一百六十条** 当事人向采取诉前保全措施以外的其他有管辖权的人民法院起诉的，采取诉前保全措施的人民法院应当将保全手续移送受理案件的人民法院。诉前保全的裁定视为受移送人民法院作出的裁定。 **第一百六十一条** 对当事人不服一审判决提起上诉的案件，在第二审人民法院接到报送的案件之前，当事人有转移、隐匿、出卖或者毁损财产等行为，必须采取保全措施的，由第一审人民法院依当事人申请或者依职权采取。第一审人民法院的保全裁定，应当及时报送第二审人民法院。 **第一百六十二条** 第二审人民法院裁定对第一审人民法院采取的保全措施予以续保或者采取新的保全措施的，可以自行实施，也可以委托第一审人民法院实施。 再审人民法院裁定对原保全措施予以续保或者采取新的保全措施的，可以自行实施，也可以委托原审人民法院或者执行法院实施。	

中华人民共和国民事诉讼法	最高人民法院关于适用《中华人民共和国民事诉讼法》的解释	人民检察院民事诉讼监督规则（试行）
	第一百六十三条 法律文书生效后，进入执行程序前，债权人因对方当事人转移财产等紧急情况，不申请保全将可能导致生效法律文书不能执行或者难以执行的，可以向执行法院申请采取保全措施。债权人在法律文书指定的履行期间届满后五日内不申请执行的，人民法院应当解除保全。 **第一百六十四条** 对申请保全人或者他人提供的担保财产，人民法院应当依法办理查封、扣押、冻结等手续。 **第一百六十五条** 人民法院裁定采取保全措施后，除作出保全裁定的人民法院自行解除或者其上级人民法院决定解除外，在保全期限内，任何单位不得解除保全措施。 **第一百六十六条** 裁定采取保全措施后，有下列情形之一的，人民法院应当作出解除保全裁定： （一）保全错误的； （二）申请人撤回保全申请的； （三）申请人的起诉或者诉讼请求被生效裁判驳回的； （四）人民法院认为应当解除保全的其他情形。 解除以登记方式实施的保全措施的，应当向登记机关发出协助执行通知书。	

中华人民共和国民事诉讼法	最高人民法院关于适用《中华人民共和国民事诉讼法》的解释	人民检察院民事诉讼监督规则（试行）
第一百零四条 财产纠纷案件，被申请人提供担保的，人民法院应当裁定解除保全。 **第一百零五条** 申请有错误的，申请人应当赔偿被申请人因保全所遭受的损失。 **第一百零六条** 人民法院对下列案件，根据当事人的申请，可以裁定先予执行： （一）追索赡养费、扶养费、抚育费、抚恤金、医疗费用的； （二）追索劳动报酬的； （三）因情况紧急需要先予执行的。	**第一百六十七条** 财产保全的被保全人提供其他等值担保财产且有利于执行的，人民法院可以裁定变更保全标的物为被保全人提供的担保财产。 **第一百六十八条** 保全裁定未经人民法院依法撤销或者解除，进入执行程序后，自动转为执行中的查封、扣押、冻结措施，期限连续计算，执行法院无需重新制作裁定书，但查封、扣押、冻结期限届满的除外。 **第一百六十九条** 民事诉讼法规定的先予执行，人民法院应当在受理案件后终审判决作出前采取。先予执行应当限于当事人诉讼请求的范围，并以当事人的生活、生产经营的急需为限。 **第一百七十条** 民事诉讼法第一百零六条第三项规定的情况紧急，包括： （一）需要立即停止侵害、排除妨碍的； （二）需要立即制止某项行为的； （三）追索恢复生产、经营急需的保险理赔费的； （四）需要立即返还社会保险金、社会救助资金的； （五）不立即返还款项，将严重影响权利人生活和生产经营的。	

中华人民共和国民事诉讼法	最高人民法院关于适用《中华人民共和国民事诉讼法》的解释	人民检察院民事诉讼监督规则（试行）
第一百零七条 人民法院裁定先予执行的，应当符合下列条件： （一）当事人之间权利义务关系明确，不先予执行将严重影响申请人的生活或者生产经营的； （二）被申请人有履行能力。 人民法院可以责令申请人提供担保，申请人不提供担保的，驳回申请。申请人败诉的，应当赔偿被申请人因先予执行遭受的财产损失。 **第一百零八条** 当事人对保全或者先予执行的裁定不服的，可以申请复议一次。复议期间不停止裁定的执行。	**第一百七十一条** 当事人对保全或者先予执行裁定不服的，可以自收到裁定书之日起五日内向作出裁定的人民法院申请复议。人民法院应当在收到复议申请后十日内审查。裁定正确的，驳回当事人的申请；裁定不当的，变更或者撤销原裁定。 **第一百七十二条** 利害关系人对保全或者先予执行的裁定不服申请复议的，由作出裁定的人民法院依照民事诉讼法第一百零八条规定处理。 **第一百七十三条** 人民法院先予执行后，根据发生法律效力的判决，申请人应当返还因先予执行所取得的利益的，适用民事诉讼法第二百三十三条的规定。	

中华人民共和国民事诉讼法	最高人民法院关于适用《中华人民共和国民事诉讼法》的解释	人民检察院民事诉讼监督规则（试行）
第十章　对妨害民事诉讼的强制措施	**八、对妨害民事诉讼的强制措施**	
第一百零九条　人民法院对必须到庭的被告，经两次传票传唤，无正当理由拒不到庭的，可以拘传。	**第一百七十四条**　民事诉讼法第一百零九条规定的必须到庭的被告，是指负有赡养、抚育、扶养义务和不到庭就无法查清案情的被告。 　　人民法院对必须到庭才能查清案件基本事实的原告，经两次传票传唤，无正当理由拒不到庭的，可以拘传。	
第一百一十条　诉讼参与人和其他人应当遵守法庭规则。 　　人民法院对违反法庭规则的人，可以予以训诫，责令退出法庭或者予以罚款、拘留。 　　人民法院对哄闹、冲击法庭，侮辱、诽谤、威胁、殴打审判人员，严重扰乱法庭秩序的人，依法追究刑事责任；情节较轻的，予以罚款、拘留。	**第一百七十五条**　拘传必须用拘传票，并直接送达被拘传人；在拘传前，应当向被拘传人说明拒不到庭的后果，经批评教育仍拒不到庭的，可以拘传其到庭。 　　**第一百七十七条**　训诫、责令退出法庭由合议庭或者独任审判员决定。训诫的内容、被责令退出法庭者的违法事实应当记入庭审笔录。 　　**第一百七十八条**　人民法院依照民事诉讼法第一百一十条至第一百一十四条的规定采取拘留措施的，应经院长批准，作出拘留决定书，由司法警察将被拘留人送交当地公安机关看管。 　　**第一百七十九条**　被拘留人不在本辖区的，作出拘留决定的人民法院应当派员到被拘留人所在地的人民法院，请该院协助执行，受委托的人民法院应当及时派员协助执行。被拘留人申请复议或者在拘留期间承认并改正错误，需要提前解除拘留的，受委托人民法院应当向委托人民法院转达或者提出建议，由委托人民法院审查决定。	

中华人民共和国民事诉讼法	最高人民法院关于适用《中华人民共和国民事诉讼法》的解释	人民检察院民事诉讼监督规则（试行）
	第一百八十条 人民法院对被拘留人采取拘留措施后，应当在二十四小时内通知其家属；确实无法按时通知或者通知不到的，应当记录在案。 **第一百八十一条** 因哄闹、冲击法庭，用暴力、威胁等方法抗拒执行公务等紧急情况，必须立即采取拘留措施的，可在拘留后，立即报告院长补办批准手续。院长认为拘留不当的，应当解除拘留。 **第一百八十二条** 被拘留人在拘留期间认错悔改的，可以责令其具结悔过，提前解除拘留。提前解除拘留，应报经院长批准，并作出提前解除拘留决定书，交负责看管的公安机关执行。 **第一百八十三条** 民事诉讼法第一百一十条至第一百一十三条规定的罚款、拘留可以单独适用，也可以合并适用。 **第一百八十四条** 对同一妨害民事诉讼行为的罚款、拘留不得连续适用。发生新的妨害民事诉讼行为的，人民法院可以重新予以罚款、拘留。 **第一百八十五条** 被罚款、拘留的人不服罚款、拘留决定申请复议的，应当自收到决定书之日起三日内提出。上级人民法院应当在收到复议申请后五日内作出决定，并将复议结果通知下级人民法院和当事人。	

中华人民共和国民事诉讼法	最高人民法院关于适用《中华人民共和国民事诉讼法》的解释	人民检察院民事诉讼监督规则（试行）
第一百一十一条　诉讼参与人或者其他人有下列行为之一的，人民法院可以根据情节轻重予以罚款、拘留；构成犯罪的，依法追究刑事责任： 　　（一）伪造、毁灭重要证据，妨碍人民法院审理案件的； 　　（二）以暴力、威胁、贿买方法阻止证人作证或者指使、贿买、胁迫他人作伪证的； 　　（三）隐藏、转移、变卖、毁损已被查封、扣押的财产，或者已被清点并责令其保管的财产，转移已被冻结的财产的； 　　（四）对司法工作人员、诉讼参加人、证人、翻译人员、鉴定人、勘验人、协助执行的人，进行侮辱、诽谤、诬陷、殴打或者打击报复的； 　　（五）以暴力、威胁或者其他方法阻碍司法工作人员执行职务的；	第一百八十六条　上级人民法院复议时认为强制措施不当的，应当制作决定书，撤销或者变更下级人民法院作出的拘留、罚款决定。情况紧急的，可以在口头通知后三日内发出决定书。 　　第一百七十六条　诉讼参与人或者其他人有下列行为之一的，人民法院可以适用民事诉讼法第一百一十条规定处理： 　　（一）未经准许进行录音、录像、摄影的； 　　（二）未经准许以移动通信等方式现场传播审判活动的； 　　（三）其他扰乱法庭秩序，妨害审判活动进行的。 　　有前款规定情形的，人民法院可以暂扣诉讼参与人或者其他人进行录音、录像、摄影、传播审判活动的器材，并责令其删除有关内容；拒不删除的，人民法院可以采取必要手段强制删除。 　　第一百八十七条　民事诉讼法第一百一十一条第一款第五项规定的以暴力、威胁或者其他方法阻碍司法工作人员执行职务的行为，包括： 　　（一）在人民法院哄闹、滞留，不听从司法工作人员劝阻的；	

中华人民共和国民事诉讼法	最高人民法院关于适用《中华人民共和国民事诉讼法》的解释	人民检察院民事诉讼监督规则（试行）
（六）拒不履行人民法院已经发生法律效力的判决、裁定的。 人民法院对有前款规定的行为之一的单位，可以对其主要负责人或者直接责任人员予以罚款、拘留；构成犯罪的，依法追究刑事责任。	（二）故意毁损、抢夺人民法院法律文书、查封标志的； （三）哄闹、冲击执行公务现场，围困、扣押执行或者协助执行公务人员的； （四）毁损、抢夺、扣留案件材料、执行公务车辆、其他执行公务器械、执行公务人员服装和执行公务证件的； （五）以暴力、威胁或者其他方法阻碍司法工作人员查询、查封、扣押、冻结、划拨、拍卖、变卖财产的； （六）以暴力、威胁或者其他方法阻碍司法工作人员执行职务的其他行为。 **第一百八十八条** 民事诉讼法第一百一十一条第一款第六项规定的拒不履行人民法院已经发生法律效力的判决、裁定的行为，包括： （一）在法律文书发生法律效力后隐藏、转移、变卖、毁损财产或者无偿转让财产、以明显不合理的价格交易财产、放弃到期债权、无偿为他人提供担保等，致使人民法院无法执行的； （二）隐藏、转移、毁损或者未经人民法院允许处分已向人民法院提供担保的财产的； （三）违反人民法院限制高消费令进行消费的； （四）有履行能力而拒不按照人民法院执行通知履行生效法律文书确定的义务的；	

中华人民共和国民事诉讼法	最高人民法院关于适用《中华人民共和国民事诉讼法》的解释	人民检察院民事诉讼监督规则（试行）
	（五）有义务协助执行的个人接到人民法院协助执行通知书后，拒不协助执行的。 **第一百八十九条** 诉讼参与人或者其他人有下列行为之一的，人民法院可以适用民事诉讼法第一百一十一条的规定处理： （一）冒充他人提起诉讼或者参加诉讼的； （二）证人签署保证书后作虚假证言，妨碍人民法院审理案件的； （三）伪造、隐藏、毁灭或者拒绝交出有关被执行人履行能力的重要证据，妨碍人民法院查明被执行人财产状况的； （四）擅自解冻已被人民法院冻结的财产的； （五）接到人民法院协助执行通知书后，给当事人通风报信，协助其转移、隐匿财产的。	
第一百一十二条 当事人之间恶意串通，企图通过诉讼、调解等方式侵害他人合法权益的，人民法院应当驳回其请求，并根据情节轻重予以罚款、拘留；构成犯罪的，依法追究刑事责任。 **第一百一十三条** 被执行人与他人恶意串通，通过诉讼、仲裁、调解等方式逃避履行法律文书确定的义务的，人民法院应当根据情节轻重予以罚款、拘留；构成犯罪的，依法追究刑事责任。	**第一百九十条** 民事诉讼法第一百一十二条规定的他人合法权益，包括案外人的合法权益、国家利益、社会公共利益。 第三人根据民事诉讼法第五十六条第三款规定提起撤销之诉，经审查，原案当事人之间恶意串通进行虚假诉讼的，适用民事诉讼法第一百一十二条规定处理。 **第一百九十一条** 单位有民事诉讼法第一百一十二条或者第一百一十三条规定行为的，人民法院应当对该单位进行罚款，并可以对其主要负责人或者直接责任人员予以罚款、拘留；构成犯罪的，依法追究刑事责任。	

中华人民共和国民事诉讼法	最高人民法院关于适用《中华人民共和国民事诉讼法》的解释	人民检察院民事诉讼监督规则（试行）
第一百一十四条 有义务协助调查、执行的单位有下列行为之一的，人民法院除责令其履行协助义务外，并可以予以罚款： （一）有关单位拒绝或者妨碍人民法院调查取证的； （二）有关单位接到人民法院协助执行通知书后，拒不协助查询、扣押、冻结、划拨、变价财产的； （三）有关单位接到人民法院协助执行通知书后，拒不协助扣留被执行人的收入、办理有关财产权证照转移手续、转交有关票证、证照或者其他财产的； （四）其他拒绝协助执行的。 人民法院对有前款规定的行为之一的单位，可以对其主要负责人或者直接责任人员予以罚款；对仍不履行协助义务的，可以予以拘留；并可以向监察机关或者有关机关提出予以纪律处分的司法建议。	**第一百九十二条** 有关单位接到人民法院协助执行通知书后，有下列行为之一的，人民法院可以适用民事诉讼法第一百一十四条规定处理： （一）允许被执行人高消费的； （二）允许被执行人出境的； （三）拒不停止办理有关财产权证照转移手续、权属变更登记、规划审批等手续的； （四）以需要内部请示、内部审批，有内部规定等为由拖延办理的。	
第一百一十五条 对个人的罚款金额，为人民币十万元以下。对单位的罚款金额，为人民币五万元以上一百万元以下。 拘留的期限，为十五日以下。 被拘留的人，由人民法院交公安机关看管。在拘留期间，被拘留人承认并改正错误的，人民法院可以决定提前解除拘留。	**第一百九十三条** 人民法院对个人或者单位采取罚款措施时，应当根据其实施妨害民事诉讼行为的性质、情节、后果，当地的经济发展水平，以及诉讼标的额等因素，在民事诉讼法第一百一十五条第一款规定的限额内确定相应的罚款金额。	

中华人民共和国民事诉讼法	最高人民法院关于适用《中华人民共和国民事诉讼法》的解释	人民检察院民事诉讼监督规则（试行）
第一百一十六条　拘传、罚款、拘留必须经院长批准。 　　拘传应当发拘传票。 　　罚款、拘留应当用决定书。对决定不服的，可以向上一级人民法院申请复议一次。复议期间不停止执行。 　　**第一百一十七条**　采取对妨害民事诉讼的强制措施必须由人民法院决定。任何单位和个人采取非法拘禁他人或者非法私自扣押他人财产追索债务的，应当依法追究刑事责任，或者予以拘留、罚款。		
第十一章　诉讼费用	**九、诉讼费用**	
第一百一十八条　当事人进行民事诉讼，应当按照规定交纳案件受理费。财产案件除交纳案件受理费外，并按照规定交纳其他诉讼费用。 　　当事人交纳诉讼费用确有困难的，可以按照规定向人民法院申请缓交、减交或者免交。 　　收取诉讼费用的办法另行制定。	**第一百九十四条**　依照民事诉讼法第五十四条审理的案件不预交案件受理费，结案后按照诉讼标的额由败诉方交纳。 　　**第一百九十五条**　支付令失效后转入诉讼程序的，债权人应当按照《诉讼费用交纳办法》补交案件受理费。 　　支付令被撤销后，债权人另行起诉的，按照《诉讼费用交纳办法》交纳诉讼费用。	

中华人民共和国民事诉讼法	最高人民法院关于适用《中华人民共和国民事诉讼法》的解释	人民检察院民事诉讼监督规则（试行）
	第一百九十六条　人民法院改变原判决、裁定、调解结果的，应当在裁判文书中对原审诉讼费用的负担一并作出处理。 第一百九十七条　诉讼标的物是证券的，按照证券交易规则并根据当事人起诉之日前最后一个交易日的收盘价、当日的市场价或者其载明的金额计算诉讼标的金额。 第一百九十八条　诉讼标的物是房屋、土地、林木、车辆、船舶、文物等特定物或者知识产权，起诉时价值难以确定的，人民法院应当向原告释明主张过高或者过低的诉讼风险，以原告主张的价值确定诉讼标的金额。 第一百九十九条　适用简易程序审理的案件转为普通程序的，原告自接到人民法院交纳诉讼费用通知之日起七日内补交案件受理费。 　　原告无正当理由未按期足额补交的，按撤诉处理，已经收取的诉讼费用退还一半。 第二百条　破产程序中有关债务人的民事诉讼案件，按照财产案件标准交纳诉讼费，但劳动争议案件除外。 第二百零一条　既有财产性诉讼请求，又有非财产性诉讼请求的，按照财产性诉讼请求的标准交纳诉讼费。 　　有多个财产性诉讼请求的，合并计算交纳诉讼费；诉讼请求中有多个非财产性诉讼请求的，按一件交纳诉讼费。	

中华人民共和国民事诉讼法	最高人民法院关于适用《中华人民共和国民事诉讼法》的解释	人民检察院民事诉讼监督规则（试行）
	第二百零二条 原告、被告、第三人分别上诉的，按照上诉请求分别预交二审案件受理费。 同一方多人共同上诉的，只预交一份二审案件受理费；分别上诉的，按照上诉请求分别预交二审案件受理费。 **第二百零三条** 承担连带责任的当事人败诉的，应当共同负担诉讼费用。 **第二百零四条** 实现担保物权案件，人民法院裁定拍卖、变卖担保财产的，申请费由债务人、担保人负担；人民法院裁定驳回申请的，申请费由申请人负担。 申请人另行起诉的，其已经交纳的申请费可以从案件受理费中扣除。 **第二百零五条** 拍卖、变卖担保财产的裁定作出后，人民法院强制执行的，按照执行金额收取执行申请费。 **第二百零六条** 人民法院决定减半收取案件受理费的，只能减半一次。 **第二百零七条** 判决生效后，胜诉方预交但不应负担的诉讼费用，人民法院应当退还，由败诉方向人民法院交纳，但胜诉方自愿承担或者同意败诉方直接向其支付的除外。 当事人拒不交纳诉讼费用的，人民法院可以强制执行。	

中华人民共和国民事诉讼法	最高人民法院关于适用《中华人民共和国民事诉讼法》的解释	人民检察院民事诉讼监督规则（试行）
第二编　审判程序		
第十二章　第一审普通程序	十、第一审普通程序	第七章　对审判程序中审判人员违法行为的监督
第一节　起诉和受理		
第一百一十九条　起诉必须符合下列条件： 　　（一）原告是与本案有直接利害关系的公民、法人和其他组织； 　　（二）有明确的被告； 　　（三）有具体的诉讼请求和事实、理由； 　　（四）属于人民法院受理民事诉讼的范围和受诉人民法院管辖。 　　第一百二十条　起诉应当向人民法院递交起诉状，并按照被告人数提出副本。 　　书写起诉状确有困难的，可以口头起诉，由人民法院记入笔录，并告知对方当事人。 　　第一百二十一条　起诉状应当记明下列事项： 　　（一）原告的姓名、性别、年龄、民族、职业、工作单位、住所、联系方式，法人或者其他组织的名称、住所和法定代表人或者主要负责人的姓名、职务、联系方式； 　　（二）被告的姓名、性别、工作单位、住所等信息，法人或者其他组织的名称、住所等信息； 　　（三）诉讼请求和所根据的事实与理由； 　　（四）证据和证据来源，证人姓名和住所。	第二百零八条　人民法院接到当事人提交的民事起诉状时，对符合民事诉讼法第一百一十九条的规定，且不属于第一百二十四条规定情形的，应当登记立案；对当场不能判定是否符合起诉条件的，应当接收起诉材料，并出具注明收到日期的书面凭证。 　　需要补充必要相关材料的，人民法院应当及时告知当事人。在补齐相关材料后，应当在七日内决定是否立案。 　　立案后发现不符合起诉条件或者属于民事诉讼法第一百二十四条规定情形的，裁定驳回起诉。 　　第二百零九条　原告提供被告的姓名或者名称、住所等信息具体明确，足以使被告与他人相区别的，可以认定为有明确的被告。 　　起诉状列写被告信息不足以认定明确的被告的，人民法院可以告知原告补正。原告补正后仍不能确定明确的被告的，人民法院裁定不予受理。	第九十七条　《中华人民共和国民事诉讼法》第二百零八条第三款规定的审判程序包括： 　　（一）第一审普通程序； 　　（二）简易程序； 　　（三）第二审程序； 　　（四）特别程序； 　　（五）审判监督程序； 　　（六）督促程序； 　　（七）公示催告程序； 　　（八）海事诉讼特别程序； 　　（九）破产程序。 　　第九十八条　《中华人民共和国民事诉讼法》第二百零八条第三款的规定适用于法官、人民陪审员、书记员。 　　第九十九条　人民检察院发现同级人民法院民事审判程序中有下列情形之一的，应当向同级人民法院提出检察建议： 　　（一）判决、裁定确有错误，但不适用再审程序纠正的； 　　（二）调解违反自愿原则或者调解协议的内容违反法律的； 　　（三）符合法律规定的起诉和受理条件，应当立案而不立案的；

中华人民共和国民事诉讼法	最高人民法院关于适用《中华人民共和国民事诉讼法》的解释	人民检察院民事诉讼监督规则（试行）
第一百二十二条　当事人起诉到人民法院的民事纠纷，适宜调解的，先行调解，但当事人拒绝调解的除外。 　　**第一百二十三条**　人民法院应当保障当事人依照法律规定享有的起诉权利。对符合本法第一百一十九条的起诉，必须受理。符合起诉条件的，应当在七日内立案，并通知当事人；不符合起诉条件的，应当在七日内作出裁定书，不予受理；原告对裁定不服的，可以提起上诉。 　　**第一百二十四条**　人民法院对下列起诉，分别情形，予以处理： 　　（一）依照行政诉讼法的规定，属于行政诉讼受案范围的，告知原告提起行政诉讼； 　　（二）依照法律规定，双方当事人达成书面仲裁协议申请仲裁、不得向人民法院起诉的，告知原告向仲裁机构申请仲裁； 　　（三）依照法律规定，应当由其他机关处理的争议，告知原告向有关机关申请解决；	**第二百一十四条**　原告在起诉状中有谩骂和人身攻击之辞的，人民法院应当告知其修改后提起诉讼。 　　**第二百一十五条**　依照民事诉讼法第一百二十四条第二项的规定，当事人在书面合同中订有仲裁条款，或者在发生纠纷后达成书面仲裁协议，一方向人民法院起诉的，人民法院应当告知原告向仲裁机构申请仲裁，其坚持起诉的，裁定不予受理，但仲裁条款或者仲裁协议不成立、无效、失效、内容不明确无法执行的除外。 　　**第二百一十六条**　在人民法院首次开庭前，被告以有书面仲裁协议为由对受理民事案件提出异议的，人民法院应当进行审查。	（四）审理案件适用审判程序错误的； 　　（五）保全和先予执行违反法律规定的； 　　（六）支付令违反法律规定的； 　　（七）诉讼中止或者诉讼终结违反法律规定的； 　　（八）违反法定审理期限的； 　　（九）对当事人采取罚款、拘留等妨害民事诉讼的强制措施违反法律规定的； 　　（十）违反法律规定送达的； 　　（十一）审判人员接受当事人及其委托代理人请客送礼或者违反规定会见当事人及其委托代理人的； 　　（十二）审判人员实施或者指使、支持、授意他人实施妨害民事诉讼行为，尚未构成犯罪的； 　　（十三）其他违反法律规定的情形。 　　**第一百条**　人民检察院依照本规则第九十九条提出检察建议的，应当制作《检察建议书》，在决定提出检察建议之日起十五日内将《检察建议书》连同案件卷宗移送同级人民法院，并制作决定提出检察建议的《通知书》，发送申请人。 　　**第一百零一条**　人民检察院认为当事人申请监督的审判程序中审判人员违法行为不存在或者不构成的，应当作出不支持监督申请的决定，并在决定之日起十五日内制作《不支持监督申请决定书》，发送申请人。

中华人民共和国民事诉讼法	最高人民法院关于适用《中华人民共和国民事诉讼法》的解释	人民检察院民事诉讼监督规则（试行）
	经审查符合下列情形之一的，人民法院应当裁定驳回起诉： （一）仲裁机构或者人民法院已经确认仲裁协议有效的； （二）当事人没有在仲裁庭首次开庭前对仲裁协议的效力提出异议的； （三）仲裁协议符合仲裁法第十六条规定且不具有仲裁法第十七条规定情形的。	
（四）对不属于本院管辖的案件，告知原告向有管辖权的人民法院起诉；	**第二百一十一条** 对本院没有管辖权的案件，告知原告向有管辖权的人民法院起诉；原告坚持起诉的，裁定不予受理；立案后发现本院没有管辖权的，应当将案件移送有管辖权的人民法院。	
（五）对判决、裁定、调解书已经发生法律效力的案件，当事人又起诉的，告知原告申请再审，但人民法院准许撤诉的裁定除外；	**第二百四十七条** 当事人就已经提起诉讼的事项在诉讼过程中或者裁判生效后再次起诉，同时符合下列条件的，构成重复起诉： （一）后诉与前诉的当事人相同； （二）后诉与前诉的诉讼标的相同； （三）后诉与前诉的诉讼请求相同，或者后诉的诉讼请求实质上否定前诉裁判结果。 当事人重复起诉的，裁定不予受理；已经受理的，裁定驳回起诉，但法律、司法解释另有规定的除外。 **第二百四十八条** 裁判发生法律效力后，发生新的事实，当事人再次提起诉讼的，人民法院应当依法受理。	

中华人民共和国民事诉讼法	最高人民法院关于适用《中华人民共和国民事诉讼法》的解释	人民检察院民事诉讼监督规则（试行）
（六）依照法律规定，在一定期限内不得起诉的案件，在不得起诉的期限内起诉的，不予受理； （七）判决不准离婚和调解和好的离婚案件，判决、调解维持收养关系的案件，没有新情况、新理由，原告在六个月内又起诉的，不予受理。	**第二百一十二条** 裁定不予受理、驳回起诉的案件，原告再次起诉，符合起诉条件且不属于民事诉讼法第一百二十四条规定情形的，人民法院应予受理。 **第二百一十四条** 原告撤诉或者人民法院按撤诉处理后，原告以同一诉讼请求再次起诉的，人民法院应予受理。 原告撤诉或者按撤诉处理的离婚案件，没有新情况、新理由，六个月内又起诉的，比照民事诉讼法第一百二十四条第七项的规定不予受理。 **第二百一十七条** 夫妻一方下落不明，另一方诉至人民法院，只要求离婚，不申请宣告下落不明人失踪或者死亡的案件，人民法院应当受理，对下落不明人公告送达诉讼文书。 **第二百一十八条** 赡养费、扶养费、抚育费案件，裁判发生法律效力后，因新情况、新理由，一方当事人再行起诉要求增加或者减少费用的，人民法院应作为新案受理。 **第二百一十九条** 当事人超过诉讼时效期间起诉的，人民法院应予受理。受理后对	

中华人民共和国民事诉讼法	最高人民法院关于适用《中华人民共和国民事诉讼法》的解释	人民检察院民事诉讼监督规则（试行）
	方当事人提出诉讼时效抗辩，人民法院经审理认为抗辩事由成立的，判决驳回原告的诉讼请求。 **第二百四十九条** 在诉讼中，争议的民事权利义务转移的，不影响当事人的诉讼主体资格和诉讼地位。人民法院作出的发生法律效力的判决、裁定对受让人具有拘束力。 受让人申请以无独立请求权的第三人身份参加诉讼的，人民法院可予准许。受让人申请替代当事人承担诉讼的，人民法院可以根据案件的具体情况决定是否准许；不予准许的，可以追加其为无独立请求权的第三人。 **第二百五十条** 依照本解释第二百四十九条规定，人民法院准许受让人替代当事人承担诉讼的，裁定变更当事人。 变更当事人后，诉讼程序以受让人为当事人继续进行，原当事人应当退出诉讼。原当事人已经完成的诉讼行为对受让人具有拘束力。 **第二百五十二条** 再审裁定撤销原判决、裁定发回重审的案件，当事人申请变更、增加诉讼请求或者提出反诉，符合下列情形之一的，人民法院应当准许： （一）原审未合法传唤缺席判决，影响当事人行使诉讼权利的； （二）追加新的诉讼当事人的； （三）诉讼标的物灭失或者发生变化致使原诉讼请求无法实现的； （四）当事人申请变更、增加的诉讼请求或者提出的反诉，无法通过另诉解决的。	

中华人民共和国民事诉讼法	最高人民法院关于适用《中华人民共和国民事诉讼法》的解释	人民检察院民事诉讼监督规则（试行）
	第二百一十三条 原告应当预交而未预交案件受理费，人民法院应当通知其预交，通知后仍不预交或者申请减、缓、免未获批准而仍不预交的，裁定按撤诉处理。 第二百二十一条 基于同一事实发生的纠纷，当事人分别向同一人民法院起诉的，人民法院可以合并审理。 第二百二十二条 原告在起诉状中直接列写第三人的，视为其申请人民法院追加该第三人参加诉讼。是否通知第三人参加诉讼，由人民法院审查决定。	
第二节　审理前的准备		
第一百二十五条　人民法院应当在立案之日起五日内将起诉状副本发送被告，被告应当在收到之日起十五日内提出答辩状。答辩状应当记明被告的姓名、性别、年龄、民族、职业、工作单位、住所、联系方式；法人或者其他组织的名称、住所和法定代表人或者主要负责人的姓名、职务、联系方式。人民法院应当在收到答辩状之日起五日内将答辩状副本发送原告。 被告不提出答辩状的，不影响人民法院审理。 第一百二十六条　人民法院对决定受理的案件，应当在受理案件通知书和应诉通知书中向当事人告知有关的诉讼权利义务，或者口头告知。 第一百二十七条　人民法院受理案件后，当事人对管辖权有异议的，应当在提交答辩	第二百二十三条 当事人在提交答辩状期间提出管辖异议，又针对起诉状的内容进	

中华人民共和国民事诉讼法	最高人民法院关于适用《中华人民共和国民事诉讼法》的解释	人民检察院民事诉讼监督规则（试行）
状期间提出。人民法院对当事人提出的异议，应当审查。异议成立的，裁定将案件移送有管辖权的人民法院；异议不成立的，裁定驳回。 当事人未提出管辖异议，并应诉答辩的，视为受诉人民法院有管辖权，但违反级别管辖和专属管辖规定的除外。 第一百二十八条　合议庭组成人员确定后，应当在三日内告知当事人。 第一百二十九条　审判人员必须认真审核诉讼材料，调查收集必要的证据。 第一百三十条　人民法院派出人员进行调查时，应当向被调查人出示证件。 调查笔录经被调查人校阅后，由被调查人、调查人签名或者盖章。 第一百三十一条　人民法院在必要时可以委托外地人民法院调查。 委托调查，必须提出明确的项目和要求。受委托人民法院可以主动补充调查。 受委托人民法院收到委托书后，应当在三十日内完成调查。因故不能完成的，应当在上述期限内函告委托人民法院。 第一百三十二条　必须共同进行诉讼的当事人没有参加诉讼的，人民法院应当通知其参加诉讼。 第一百三十三条　人民法院对受理的案件，分别情形，予以处理： （一）当事人没有争议，符合督促程序规定条件的，可以转入督促程序； （二）开庭前可以调解的，采取调解方式及时解决纠纷；	行答辩的，人民法院应当依照民事诉讼法第一百二十七条第一款的规定，对管辖异议进行审查。 当事人未提出管辖异议，就案件实体内容进行答辩、陈述或者反诉的，可以认定为民事诉讼法第一百二十七条第二款规定的应诉答辩。	

中华人民共和国民事诉讼法	最高人民法院关于适用《中华人民共和国民事诉讼法》的解释	人民检察院民事诉讼监督规则（试行）
（三）根据案件情况，确定适用简易程序或者普通程序；		
（四）需要开庭审理的，通过要求当事人交换证据等方式，明确争议焦点。	**第二百二十五条** 根据案件具体情况，庭前会议可以包括下列内容： （一）明确原告的诉讼请求和被告的答辩意见； （二）审查处理当事人增加、变更诉讼请求的申请和提出的反诉，以及第三人提出的与本案有关的诉讼请求； （三）根据当事人的申请决定调查收集证据，委托鉴定，要求当事人提供证据，进行勘验，进行证据保全； （四）组织交换证据； （五）归纳争议焦点； （六）进行调解。 **第二百二十六条** 人民法院应当根据当事人的诉讼请求、答辩意见以及证据交换的情况，归纳争议焦点，并就归纳的争议焦点征求当事人的意见。	
第三节　开庭审理		
第一百三十四条 人民法院审理民事案件，除涉及国家秘密、个人隐私或者法律另有规定的以外，应当公开进行。 　　离婚案件，涉及商业秘密的案件，当事人申请不公开审理的，可以不公开审理。 **第一百三十五条** 人民法院审理民事案件，根据需要进行巡回审理，就地办案。		

中华人民共和国民事诉讼法	最高人民法院关于适用《中华人民共和国民事诉讼法》的解释	人民检察院民事诉讼监督规则（试行）
第一百三十六条 人民法院审理民事案件，应当在开庭三日前通知当事人和其他诉讼参与人。公开审理的，应当公告当事人姓名、案由和开庭的时间、地点。 **第一百三十七条** 开庭审理前，书记员应当查明当事人和其他诉讼参与人是否到庭，宣布法庭纪律。 开庭审理时，由审判长核对当事人，宣布案由，宣布审判人员、书记员名单，告知当事人有关的诉讼权利义务，询问当事人是否提出回避申请。 **第一百三十八条** 法庭调查按照下列顺序进行： （一）当事人陈述； （二）告知证人的权利义务，证人作证，宣读未到庭的证人证言； （三）出示书证、物证、视听资料和电子数据； （四）宣读鉴定意见； （五）宣读勘验笔录。	**第二百二十七条** 人民法院适用普通程序审理案件，应当在开庭三日前用传票传唤当事人。对诉讼代理人、证人、鉴定人、勘验人、翻译人员应当用通知书通知其到庭。当事人或者其他诉讼参与人在外地的，应当留有必要的在途时间。 **第二百二十八条** 法庭审理应当围绕当事人争议的事实、证据和法律适用等焦点问题进行。 **第二百二十九条** 当事人在庭审中对其在审理前的准备阶段认可的事实和证据提出不同意见的，人民法院应当责令其说明理由。必要时，可以责令其提供相应证据。人民法院应当结合当事人的诉讼能力、证据和案件的具体情况进行审查。理由成立的，可以列入争议焦点进行审理。 **第二百三十条** 人民法院根据案件具体情况并征得当事人同意，可以将法庭调查和法庭辩论合并进行。	

中华人民共和国民事诉讼法	最高人民法院关于适用《中华人民共和国民事诉讼法》的解释	人民检察院民事诉讼监督规则（试行）
第一百三十九条　当事人在法庭上可以提出新的证据。 　　当事人经法庭许可，可以向证人、鉴定人、勘验人发问。 　　当事人要求重新进行调查、鉴定或者勘验的，是否准许，由人民法院决定。	**第二百三十一条**　当事人在法庭上提出新的证据的，人民法院应当依照民事诉讼法第六十五条第二款规定和本解释相关规定处理。	
第一百四十条　原告增加诉讼请求，被告提出反诉，第三人提出与本案有关的诉讼请求，可以合并审理。	**第二百三十二条**　在案件受理后，法庭辩论结束前，原告增加诉讼请求，被告提出反诉，第三人提出与本案有关的诉讼请求，可以合并审理的，人民法院应当合并审理。 　　**第二百三十三条**　反诉的当事人应当限于本诉的当事人的范围。 　　反诉与本诉的诉讼请求基于相同法律关系、诉讼请求之间具有因果关系，或者反诉与本诉的诉讼请求基于相同事实的，人民法院应当合并审理。 　　反诉应由其他人民法院专属管辖，或者与本诉的诉讼标的及诉讼请求所依据的事实、理由无关联的，裁定不予受理，告知另行起诉。 　　**第二百五十一条**　二审裁定撤销一审判决发回重审的案件，当事人申请变更、增加诉讼请求或者提出反诉，第三人提出与本案有关的诉讼请求的，依照民事诉讼法第一百四十条规定处理。	
第一百四十一条　法庭辩论按照下列顺序进行： 　　（一）原告及其诉讼代理人发言；		

中华人民共和国民事诉讼法	最高人民法院关于适用《中华人民共和国民事诉讼法》的解释	人民检察院民事诉讼监督规则（试行）
（二）被告及其诉讼代理人答辩； （三）第三人及其诉讼代理人发言或者答辩； （四）互相辩论。 法庭辩论终结，由审判长按照原告、被告、第三人的先后顺序征询各方最后意见。 **第一百四十二条** 法庭辩论终结，应当依法作出判决。判决前能够调解的，还可以进行调解，调解不成的，应当及时判决。 **第一百四十三条** 原告经传票传唤，无正当理由拒不到庭的，或者未经法庭许可中途退庭的，可以按撤诉处理；被告反诉的，可以缺席判决。 **第一百四十四条** 被告经传票传唤，无正当理由拒不到庭的，或者未经法庭许可中途退庭的，可以缺席判决。 **第一百四十五条** 宣判前，原告申请撤诉的，是否准许，由人民法院裁定。 人民法院裁定不准许撤诉的，原告经传票传唤，无正当理由拒不到庭的，可以缺席判决。	**第二百三十四条** 无民事行为能力人的离婚诉讼，当事人的法定代理人应当到庭；法定代理人不能到庭的，人民法院应当在查清事实的基础上，依法作出判决。 **第二百三十五条** 无民事行为能力的当事人的法定代理人，经传票传唤无正当理由拒不到庭，属于原告方的，比照民事诉讼法第一百四十三条的规定，按撤诉处理；属于被告方的，比照民事诉讼法第一百四十四条的规定，缺席判决。必要时，人民法院可以拘传其到庭。 **第二百三十六条** 有独立请求权的第三人经人民法院传票传唤，无正当理由拒不到庭的，或者未经法庭许可中途退庭的，比照民事诉讼法第一百四十三条的规定，按撤诉处理。 **第二百三十七条** 有独立请求权的第三人参加诉讼后，原告申请撤诉，人民法院在准许原告撤诉后，有独立请求权的第三人作为另案原告，原案原告、被告作为另案被告，诉讼继续进行。	

中华人民共和国民事诉讼法	最高人民法院关于适用《中华人民共和国民事诉讼法》的解释	人民检察院民事诉讼监督规则（试行）
	第二百三十八条 当事人申请撤诉或者依法可以按撤诉处理的案件，如果当事人有违反法律的行为需要依法处理的，人民法院可以不准许撤诉或者不按撤诉处理。 法庭辩论终结后原告申请撤诉，被告不同意的，人民法院可以不予准许。 **第二百三十九条** 人民法院准许本诉原告撤诉的，应当对反诉继续审理；被告申请撤回反诉的，人民法院应予准许。 **第二百四十条** 无独立请求权的第三人经人民法院传票传唤，无正当理由拒不到庭，或者未经法庭许可中途退庭的，不影响案件的审理。 **第二百四十一条** 被告经传票传唤无正当理由拒不到庭，或者未经法庭许可中途退庭的，人民法院应当按期开庭或者继续开庭审理，对到庭的当事人诉讼请求、双方的诉辩理由以及已经提交的证据及其他诉讼材料进行审理后，可以依法缺席判决。	
第一百四十六条 有下列情形之一的，可以延期开庭审理： （一）必须到庭的当事人和其他诉讼参与人有正当理由没有到庭的； （二）当事人临时提出回避申请的； （三）需要通知新的证人到庭，调取新的证据，重新鉴定、勘验，或者需要补充调查的； （四）其他应当延期的情形。		

中华人民共和国民事诉讼法	最高人民法院关于适用《中华人民共和国民事诉讼法》的解释	人民检察院民事诉讼监督规则（试行）
第一百四十七条 书记员应当将法庭审理的全部活动记入笔录，由审判人员和书记员签名。 法庭笔录应当当庭宣读，也可以告知当事人和其他诉讼参与人当庭或者在五日内阅读。当事人和其他诉讼参与人认为对自己的陈述记录有遗漏或者差错的，有权申请补正。如果不予补正，应当将申请记录在案。 法庭笔录由当事人和其他诉讼参与人签名或者盖章。拒绝签名盖章的，记明情况附卷。 **第一百四十八条** 人民法院对公开审理或者不公开审理的案件，一律公开宣告判决。 当庭宣判的，应当在十日内发送判决书；定期宣判的，宣判后立即发给判决书。 宣告判决时，必须告知当事人上诉权利、上诉期限和上诉的法院。 宣告离婚判决，必须告知当事人在判决发生法律效力前不得另行结婚。	**第二百四十二条** 一审宣判后，原审人民法院发现判决有错误，当事人在上诉期内提出上诉的，原审人民法院可以提出原判决有错误的意见，报送第二审人民法院，由第二审人民法院按照第二审程序进行审理；当事人不上诉的，按照审判监督程序处理。	

中华人民共和国民事诉讼法	最高人民法院关于适用《中华人民共和国民事诉讼法》的解释	人民检察院民事诉讼监督规则（试行）
第一百四十九条 人民法院适用普通程序审理的案件，应当在立案之日起六个月内审结。有特殊情况需要延长的，由本院院长批准，可以延长六个月；还需要延长的，报请上级人民法院批准。	**第二百四十三条** 民事诉讼法第一百四十九条规定的审限，是指从立案之日起至裁判宣告、调解书送达之日止的期间，但公告期间、鉴定期间、双方当事人和解期间、审理当事人提出的管辖异议以及处理人民法院之间的管辖争议期间不应计算在内。 **第二百四十四条** 可以上诉的判决书、裁定书不能同时送达双方当事人的，上诉期从各自收到判决书、裁定书之日计算。 **第二百四十五条** 民事诉讼法第一百五十四条第一款第七项规定的笔误是指法律文书误写、误算，诉讼费用漏写、误算和其他笔误。	
第四节　诉讼中止和终结		
第一百五十条 有下列情形之一的，中止诉讼： （一）一方当事人死亡，需要等待继承人表明是否参加诉讼的； （二）一方当事人丧失诉讼行为能力，尚未确定法定代理人的； （三）作为一方当事人的法人或者其他组织终止，尚未确定权利义务承受人的； （四）一方当事人因不可抗拒的事由，不能参加诉讼的； （五）本案必须以另一案的审理结果为依据，而另一案尚未审结的； （六）其他应当中止诉讼的情形。 中止诉讼的原因消除后，恢复诉讼。	**第二百四十六条** 裁定中止诉讼的原因消除，恢复诉讼程序时，不必撤销原裁定，从人民法院通知或者准许当事人双方继续进行诉讼时起，中止诉讼的裁定即失去效力。	

中华人民共和国民事诉讼法	最高人民法院关于适用《中华人民共和国民事诉讼法》的解释	人民检察院民事诉讼监督规则（试行）
第一百五十一条 有下列情形之一的，终结诉讼： （一）原告死亡，没有继承人，或者继承人放弃诉讼权利的； （二）被告死亡，没有遗产，也没有应当承担义务的人的； （三）离婚案件一方当事人死亡的； （四）追索赡养费、扶养费、抚育费以及解除收养关系案件的一方当事人死亡的。		
第五节　判决和裁定		
第一百五十二条 判决书应当写明判决结果和作出该判决的理由。判决书内容包括： （一）案由、诉讼请求、争议的事实和理由； （二）判决认定的事实和理由、适用的法律和理由； （三）判决结果和诉讼费用的负担； （四）上诉期间和上诉的法院。 判决书由审判人员、书记员署名，加盖人民法院印章。 **第一百五十三条** 人民法院审理案件，其中一部分事实已经清楚，可以就该部分先行判决。 **第一百五十四条** 裁定适用于下列范围： （一）不予受理； （二）对管辖权有异议的；		

中华人民共和国民事诉讼法	最高人民法院关于适用《中华人民共和国民事诉讼法》的解释	人民检察院民事诉讼监督规则（试行）
（三）驳回起诉； （四）保全和先予执行； （五）准许或者不准许撤诉； （六）中止或者终结诉讼； （七）补正判决书中的笔误； （八）中止或者终结执行； （九）撤销或者不予执行仲裁裁决； （十）不予执行公证机关赋予强制执行效力的债权文书； （十一）其他需要裁定解决的事项。 　　对前款第一项至第三项裁定，可以上诉。 　　裁定书应当写明裁定结果和作出该裁定的理由。裁定书由审判人员、书记员署名，加盖人民法院印章。口头裁定的，记入笔录。 **第一百五十五条**　最高人民法院的判决、裁定，以及依法不准上诉或者超过上诉期没有上诉的判决、裁定，是发生法律效力的判决、裁定。 **第一百五十六条**　公众可以查阅发生法律效力的判决书、裁定书，但涉及国家秘密、商业秘密和个人隐私的内容除外。	**第二百五十三条**　当庭宣判的案件，除当事人当庭要求邮寄发送裁判文书的外，人民法院应当告知当事人或者诉讼代理人领取裁判文书的时间和地点以及逾期不领取的法律后果。上述情况，应当记入笔录。 　　**第二百五十四条**　公民、法人或者其他组织申请查阅发生法律效力的判决书、裁定书的，应当向作出该生效裁判的人民法院提出。申请应当以书面形式提出，并提供具体的案号或者当事人姓名、名称。	

中华人民共和国民事诉讼法	最高人民法院关于适用《中华人民共和国民事诉讼法》的解释	人民检察院民事诉讼监督规则（试行）
	第二百五十五条 对于查阅判决书、裁定书的申请，人民法院根据下列情形分别处理： （一）判决书、裁定书已经通过信息网络向社会公开的，应当引导申请人自行查阅； （二）判决书、裁定书未通过信息网络向社会公开，且申请符合要求的，应当及时提供便捷的查阅服务； （三）判决书、裁定书尚未发生法律效力，或者已失去法律效力的，不提供查阅并告知申请人； （四）发生法律效力的判决书、裁定书不是本院作出的，应当告知申请人向作出生效裁判的人民法院申请查阅； （五）申请查阅的内容涉及国家秘密、商业秘密、个人隐私的，不予准许并告知申请人。	
第十三章 简易程序	**十一、简易程序**	
第一百五十七条 基层人民法院和它派出的法庭审理事实清楚、权利义务关系明确、争议不大的简单的民事案件，适用本章规定。 基层人民法院和它派出的法庭审理前款规定以外的民事案件，当事人双方也可以约定适用简易程序。	**第二百五十六条** 民事诉讼法第一百五十七条规定的简单民事案件中的事实清楚，是指当事人对争议的事实陈述基本一致，并能提供相应的证据，无须人民法院调查收集证据即可查明事实；权利义务关系明确是指能明确区分谁是责任的承担者，谁是权利的享有者；争议不大是指当事人对案件的是非、责任承担以及诉讼标的争执无原则分歧。	

中华人民共和国民事诉讼法	最高人民法院关于适用《中华人民共和国民事诉讼法》的解释	人民检察院民事诉讼监督规则（试行）
第一百六十三条　人民法院在审理过程中，发现案件不宜适用简易程序的，裁定转为普通程序。	**第二百五十七条**　下列案件，不适用简易程序： （一）起诉时被告下落不明的； （二）发回重审的； （三）当事人一方人数众多的； （四）适用审判监督程序的； （五）涉及国家利益、社会公共利益的； （六）第三人起诉请求改变或者撤销生效判决、裁定、调解书的； （七）其他不宜适用简易程序的案件。 **第二百五十八条**　适用简易程序审理的案件，审理期限到期后，双方当事人同意继续适用简易程序的，由本院院长批准，可以延长审理期限。延长后的审理期限累计不得超过六个月。 人民法院发现案情复杂，需要转为普通程序审理的，应当在审理期限届满前作出裁定并将合议庭组成人员及相关事项书面通知双方当事人。 案件转为普通程序审理的，审理期限自人民法院立案之日计算。 **第二百六十四条**　当事人双方根据民事诉讼法第一百五十七条第二款规定约定适用简易程序的，应当在开庭前提出。口头提出的，记入笔录，由双方当事人签名或者捺印确认。 本解释第二百五十七条规定的案件，当事人约定适用简易程序的，人民法院不予准许。	

中华人民共和国民事诉讼法	最高人民法院关于适用《中华人民共和国民事诉讼法》的解释	人民检察院民事诉讼监督规则（试行）
第一百五十八条　对简单的民事案件，原告可以口头起诉。 　　当事人双方可以同时到基层人民法院或者它派出的法庭，请求解决纠纷。基层人民法院或者它派出的法庭可以当即审理，也可以另定日期审理。	**第二百六十五条**　原告口头起诉的，人民法院应当将当事人的姓名、性别、工作单位、住所、联系方式等基本信息，诉讼请求，事实及理由等准确记入笔录，由原告核对无误后签名或者捺印。对当事人提交的证据材料，应当出具收据。	
第一百五十九条　基层人民法院和它派出的法庭审理简单的民事案件，可以用简便方式传唤当事人和证人、送达诉讼文书、审理案件，但应当保障当事人陈述意见的权利。	**第二百五十九条**　当事人双方可就开庭方式向人民法院提出申请，由人民法院决定是否准许。经当事人双方同意，可以采用视听传输技术等方式开庭。 　　**第二百六十一条**　适用简易程序审理案件，人民法院可以采取捎口信、电话、短信、传真、电子邮件等简便方式传唤双方当事人、通知证人和送达裁判文书以外的诉讼文书。 　　以简便方式送达的开庭通知，未经当事人确认或者没有其他证据证明当事人已经收到的，人民法院不得缺席判决。 　　适用简易程序审理案件，由审判员独任审判，书记员担任记录。	
第一百六十条　简单的民事案件由审判员一人独任审理，并不受本法第一百三十六条、第一百三十八条、第一百四十一条规定的限制。		

中华人民共和国民事诉讼法	最高人民法院关于适用《中华人民共和国民事诉讼法》的解释	人民检察院民事诉讼监督规则（试行）
	第二百六十七条 适用简易程序审理案件，可以简便方式进行审理前的准备。 **第二百六十八条** 对没有委托律师、基层法律服务工作者代理诉讼的当事人，人民法院在庭审过程中可以对回避、自认、举证证明责任等相关内容向其作必要的解释或者说明，并在庭审过程中适当提示当事人正确行使诉讼权利、履行诉讼义务。 **第二百七十条** 适用简易程序审理的案件，有下列情形之一的，人民法院在制作判决书、裁定书、调解书时，对认定事实或者裁判理由部分可以适当简化： （一）当事人达成调解协议并需要制作民事调解书的； （二）一方当事人明确表示承认对方全部或者部分诉讼请求的； （三）涉及商业秘密、个人隐私的案件，当事人一方要求简化裁判文书中的相关内容，人民法院认为理由正当的； （四）当事人双方同意简化的。 **第二百六十六条** 适用简易程序案件的举证期限由人民法院确定，也可以由当事人协商一致并经人民法院准许，但不得超过十五日。被告要求书面答辩的，人民法院可在征得其同意的基础上，合理确定答辩期间。 人民法院应当将举证期限和开庭日期告知双方当事人，并向当事人说明逾期举证以及拒不到庭的法律后果，由双方当事人在笔录和开庭传票的送达回证上签名或者捺印。	

中华人民共和国民事诉讼法	最高人民法院关于适用《中华人民共和国民事诉讼法》的解释	人民检察院民事诉讼监督规则（试行）
第一百六十一条 人民法院适用简易程序审理案件，应当在立案之日起三个月内审结。	当事人双方均表示不需要举证期限、答辩期间的，人民法院可以立即开庭审理或者确定开庭日期。 **第二百六十条** 已经按照普通程序审理的案件，在开庭后不得转为简易程序审理。 **第二百六十九条** 当事人就案件适用简易程序提出异议，人民法院经审查，异议成立的，裁定转为普通程序；异议不成立的，口头告知当事人，并记入笔录。 转为普通程序的，人民法院应当将合议庭组成人员及相关事项以书面形式通知双方当事人。 转为普通程序前，双方当事人已确认的事实，可以不再进行举证、质证。 **第二百六十二条** 人民法庭制作的判决书、裁定书、调解书，必须加盖基层人民法院印章，不得用人民法庭的印章代替基层人民法院的印章。 **第二百六十三条** 适用简易程序审理案件，卷宗中应当具备以下材料： （一）起诉状或者口头起诉笔录； （二）答辩状或者口头答辩笔录； （三）当事人身份证明材料； （四）委托他人代理诉讼的授权委托书或者口头委托笔录；	

中华人民共和国民事诉讼法	最高人民法院关于适用《中华人民共和国民事诉讼法》的解释	人民检察院民事诉讼监督规则（试行）
	（五）证据； （六）询问当事人笔录； （七）审理（包括调解）笔录； （八）判决书、裁定书、调解书或者调解协议； （九）送达和宣判笔录； （十）执行情况； （十一）诉讼费收据； （十二）适用民事诉讼法第一百六十二条规定审理的，有关程序适用的书面告知。	
	十二、简易程序中的小额诉讼	
第一百六十二条 基层人民法院和它派出的法庭审理符合本法第一百五十七条第一款规定的简单的民事案件，标的额为各省、自治区、直辖市上年度就业人员年平均工资百分之三十以下的，实行一审终审。	**第二百七十一条** 人民法院审理小额诉讼案件，适用民事诉讼法第一百六十二条的规定，实行一审终审。 **第二百七十二条** 民事诉讼法第一百六十二条规定的各省、自治区、直辖市上年度就业人员年平均工资，是指已经公布的各省、自治区、直辖市上一年度就业人员年平均工资。在上一年度就业人员年平均工资公布前，以已经公布的最近年度就业人员年平均工资为准。 **第二百七十三条** 海事法院可以审理海事、海商小额诉讼案件。案件标的额应当以实际受理案件的海事法院或者其派出法庭所在的省、自治区、直辖市上年度就业人员年平均工资百分之三十为限。	

中华人民共和国民事诉讼法	最高人民法院关于适用《中华人民共和国民事诉讼法》的解释	人民检察院民事诉讼监督规则（试行）
	第二百七十四条 下列金钱给付的案件，适用小额诉讼程序审理： （一）买卖合同、借款合同、租赁合同纠纷； （二）身份关系清楚，仅在给付的数额、时间、方式上存在争议的赡养费、抚育费、扶养费纠纷； （三）责任明确，仅在给付的数额、时间、方式上存在争议的交通事故损害赔偿和其他人身损害赔偿纠纷； （四）供用水、电、气、热力合同纠纷； （五）银行卡纠纷； （六）劳动关系清楚，仅在劳动报酬、工伤医疗费、经济补偿金或者赔偿金给付数额、时间、方式上存在争议的劳动合同纠纷； （七）劳务关系清楚，仅在劳务报酬给付数额、时间、方式上存在争议的劳务合同纠纷； （八）物业、电信等服务合同纠纷； （九）其他金钱给付纠纷。 **第二百七十五条** 下列案件，不适用小额诉讼程序审理： （一）人身关系、财产确权纠纷； （二）涉外民事纠纷； （三）知识产权纠纷； （四）需要评估、鉴定或者对诉前评估、鉴定结果有异议的纠纷； （五）其他不宜适用一审终审的纠纷。	

中华人民共和国民事诉讼法	最高人民法院关于适用《中华人民共和国民事诉讼法》的解释	人民检察院民事诉讼监督规则（试行）
	第二百七十六条 人民法院受理小额诉讼案件，应当向当事人告知该类案件的审判组织、一审终审、审理期限、诉讼费用交纳标准等相关事项。 **第二百七十七条** 小额诉讼案件的举证期限由人民法院确定，也可以由当事人协商一致并经人民法院准许，但一般不超过七日。 被告要求书面答辩的，人民法院可以在征得其同意的基础上合理确定答辩期间，但最长不得超过十五日。 当事人到庭后表示不需要举证期限和答辩期间的，人民法院可立即开庭审理。 **第二百七十八条** 当事人对小额诉讼案件提出管辖异议的，人民法院应当作出裁定。裁定一经作出即生效。 **第二百七十九条** 人民法院受理小额诉讼案件后，发现起诉不符合民事诉讼法第一百一十九条规定的起诉条件的，裁定驳回起诉。裁定一经作出即生效。 **第二百八十条** 因当事人申请增加或者变更诉讼请求、提出反诉、追加当事人等，致使案件不符合小额诉讼案件条件的，应当适用简易程序的其他规定审理。 前款规定案件，应当适用普通程序审理的，裁定转为普通程序。 适用简易程序的其他规定或者普通程序审理前，双方当事人已确认的事实，可以不再进行举证、质证。	

中华人民共和国民事诉讼法	最高人民法院关于适用《中华人民共和国民事诉讼法》的解释	人民检察院民事诉讼监督规则（试行）
	第二百八十一条 当事人对按照小额诉讼案件审理有异议的，应当在开庭前提出。人民法院经审查，异议成立的，适用简易程序的其他规定审理；异议不成立的，告知当事人，并记入笔录。 **第二百八十二条** 小额诉讼案件的裁判文书可以简化，主要记载当事人基本信息、诉讼请求、裁判主文等内容。 **第二百八十三条** 人民法院审理小额诉讼案件，本解释没有规定的，适用简易程序的其他规定。	
	十三、公益诉讼	
	第二百八十四条 环境保护法、消费者权益保护法等法律规定的机关和有关组织对污染环境、侵害众多消费者合法权益等损害社会公共利益的行为，根据民事诉讼法第五十五条规定提起公益诉讼，符合下列条件的，人民法院应当受理： （一）有明确的被告； （二）有具体的诉讼请求； （三）有社会公共利益受到损害的初步证据； （四）属于人民法院受理民事诉讼的范围和受诉人民法院管辖。 **第二百八十五条** 公益诉讼案件由侵权行为地或者被告住所地中级人民法院管辖，但法律、司法解释另有规定的除外。	

中华人民共和国民事诉讼法	最高人民法院关于适用《中华人民共和国民事诉讼法》的解释	人民检察院民事诉讼监督规则（试行）
	因污染海洋环境提起的公益诉讼，由污染发生地、损害结果地或者采取预防污染措施地海事法院管辖。 对同一侵权行为分别向两个以上人民法院提起公益诉讼的，由最先立案的人民法院管辖，必要时由它们的共同上级人民法院指定管辖。 **第二百八十六条** 人民法院受理公益诉讼案件后，应当在十日内书面告知相关行政主管部门。 **第二百八十七条** 人民法院受理公益诉讼案件后，依法可以提起诉讼的其他机关和有关组织，可以在开庭前向人民法院申请参加诉讼。人民法院准许参加诉讼的，列为共同原告。 **第二百八十八条** 人民法院受理公益诉讼案件，不影响同一侵权行为的受害人根据民事诉讼法第一百一十九条规定提起诉讼。 **第二百八十九条** 对公益诉讼案件，当事人可以和解，人民法院可以调解。 当事人达成和解或者调解协议后，人民法院应当将和解或者调解协议进行公告。公告期间不得少于三十日。 公告期满后，人民法院经审查，和解或者调解协议不违反社会公共利益的，应当出具调解书；和解或者调解协议违反社会公共利益的，不予出具调解书，继续对案件进行审理并依法作出裁判。	

中华人民共和国民事诉讼法	最高人民法院关于适用《中华人民共和国民事诉讼法》的解释	人民检察院民事诉讼监督规则（试行）
	第二百九十条 公益诉讼案件的原告在法庭辩论终结后申请撤诉的，人民法院不予准许。 **第二百九十一条** 公益诉讼案件的裁判发生法律效力后，其他依法具有原告资格的机关和有关组织就同一侵权行为另行提起公益诉讼的，人民法院裁定不予受理，但法律、司法解释另有规定的除外。	
	十四、第三人撤销之诉	
	第二百九十二条 第三人对已经发生法律效力的判决、裁定、调解书提起撤销之诉的，应当自知道或者应当知道其民事权益受到损害之日起六个月内，向作出生效判决、裁定、调解书的人民法院提出，并应当提供存在下列情形的证据材料： （一）因不能归责于本人的事由未参加诉讼； （二）发生法律效力的判决、裁定、调解书的全部或者部分内容错误； （三）发生法律效力的判决、裁定、调解书内容错误损害其民事权益。 **第二百九十三条** 人民法院应当在收到起诉状和证据材料之日起五日内送交对方当事人，对方当事人可以自收到起诉状之日起十日内提出书面意见。	

中华人民共和国民事诉讼法	最高人民法院关于适用《中华人民共和国民事诉讼法》的解释	人民检察院民事诉讼监督规则（试行）
	人民法院应当对第三人提交的起诉状、证据材料以及对方当事人的书面意见进行审查。必要时，可以询问双方当事人。 　　经审查，符合起诉条件的，人民法院应当在收到起诉状之日起三十日内立案。不符合起诉条件的，应当在收到起诉状之日起三十日内裁定不予受理。 　　**第二百九十四条**　人民法院对第三人撤销之诉案件，应当组成合议庭开庭审理。 　　**第二百九十五条**　民事诉讼法第五十六条第三款规定的因不能归责于本人的事由未参加诉讼，是指没有被列为生效判决、裁定、调解书当事人，且无过错或者无明显过错的情形。包括： 　　（一）不知道诉讼而未参加的； 　　（二）申请参加未获准许的； 　　（三）知道诉讼，但因客观原因无法参加的； 　　（四）因其他不能归责于本人的事由未参加诉讼的。 　　**第二百九十六条**　民事诉讼法第五十六条第三款规定的判决、裁定、调解书的部分或者全部内容，是指判决、裁定的主文，调解书中处理当事人民事权利义务的结果。 　　**第二百九十七条**　对下列情形提起第三人撤销之诉的，人民法院不予受理： 　　（一）适用特别程序、督促程序、公示催告程序、破产程序等非讼程序处理的案件；	

中华人民共和国民事诉讼法	最高人民法院关于适用《中华人民共和国民事诉讼法》的解释	人民检察院民事诉讼监督规则（试行）
	（二）婚姻无效、撤销或者解除婚姻关系等判决、裁定、调解书中涉及身份关系的内容； （三）民事诉讼法第五十四条规定的未参加登记的权利人对代表人诉讼案件的生效裁判； （四）民事诉讼法第五十五条规定的损害社会公共利益行为的受害人对公益诉讼案件的生效裁判。 **第二百九十八条** 第三人提起撤销之诉，人民法院应当将该第三人列为原告，生效判决、裁定、调解书的当事人列为被告，但生效判决、裁定、调解书中没有承担责任的无独立请求权的第三人列为第三人。 **第二百九十九条** 受理第三人撤销之诉案件后，原告提供相应担保，请求中止执行的，人民法院可以准许。 **第三百条** 对第三人撤销或者部分撤销发生法律效力的判决、裁定、调解书内容的请求，人民法院经审理，按下列情形分别处理： （一）请求成立且确认其民事权利的主张全部或部分成立的，改变原判决、裁定、调解书内容的错误部分； （二）请求成立，但确认其全部或部分民事权利的主张不成立，或者未提出确认其民事权利请求的，撤销原判决、裁定、调解书内容的错误部分； （三）请求不成立的，驳回诉讼请求。 对前款规定裁判不服的，当事人可以上诉。 原判决、裁定、调解书的内容未改变或者未撤销的部分继续有效。	

中华人民共和国民事诉讼法	最高人民法院关于适用《中华人民共和国民事诉讼法》的解释	人民检察院民事诉讼监督规则（试行）
	第三百零一条 第三人撤销之诉案件审理期间，人民法院对生效判决、裁定、调解书裁定再审的，受理第三人撤销之诉的人民法院应当裁定将第三人的诉讼请求并入再审程序。但有证据证明原审当事人之间恶意串通损害第三人合法权益的，人民法院应当先行审理第三人撤销之诉案件，裁定中止再审诉讼。 **第三百零二条** 第三人诉讼请求并入再审程序审理的，按照下列情形分别处理： （一）按照第一审程序审理的，人民法院应当对第三人的诉讼请求一并审理，所作的判决可以上诉； （二）按照第二审程序审理的，人民法院可以调解，调解达不成协议的，应当裁定撤销原判决、裁定、调解书，发回一审法院重审，重审时应当列明第三人。 **第三百零三条** 第三人提起撤销之诉后，未中止生效判决、裁定、调解书执行的，执行法院对第三人依照民事诉讼法第二百二十七条规定提出的执行异议，应予审查。第三人不服驳回执行异议裁定，申请对原判决、裁定、调解书再审的，人民法院不予受理。 案外人对人民法院驳回其执行异议裁定不服，认为原判决、裁定、调解书内容错误损害其合法权益的，应当根据民事诉讼法第二百二十七条规定申请再审，提起第三人撤销之诉的，人民法院不予受理。	

中华人民共和国民事诉讼法	最高人民法院关于适用《中华人民共和国民事诉讼法》的解释	人民检察院民事诉讼监督规则（试行）
	十五、执行异议之诉	

	第三百零四条 根据民事诉讼法第二百二十七条规定，案外人、当事人对执行异议裁定不服，自裁定送达之日起十五日内向人民法院提起执行异议之诉的，由执行法院管辖。
	  第三百零五条 案外人提起执行异议之诉，除符合民事诉讼法第一百一十九条规定外，还应当具备下列条件：
	  （一）案外人的执行异议申请已经被人民法院裁定驳回；
	  （二）有明确的排除对执行标的执行的诉讼请求，且诉讼请求与原判决、裁定无关；
	  （三）自执行异议裁定送达之日起十五日内提起。
	  人民法院应当在收到起诉状之日起十五日内决定是否立案。
	  第三百零六条 申请执行人提起执行异议之诉，除符合民事诉讼法第一百一十九条规定外，还应当具备下列条件：
	  （一）依案外人执行异议申请，人民法院裁定中止执行；
	  （二）有明确的对执行标的继续执行的诉讼请求，且诉讼请求与原判决、裁定无关；
	  （三）自执行异议裁定送达之日起十五日内提起。	

中华人民共和国民事诉讼法	最高人民法院关于适用《中华人民共和国民事诉讼法》的解释	人民检察院民事诉讼监督规则（试行）
	人民法院应当在收到起诉状之日起十五日内决定是否立案。 **第三百零七条** 案外人提起执行异议之诉的，以申请执行人为被告。被执行人反对案外人异议的，被执行人为共同被告；被执行人不反对案外人异议的，可以列被执行人为第三人。 **第三百零八条** 申请执行人提起执行异议之诉的，以案外人为被告。被执行人反对申请执行人主张的，以案外人和被执行人为共同被告；被执行人不反对申请执行人主张的，可以列被执行人为第三人。 **第三百零九条** 申请执行人对中止执行裁定未提起执行异议之诉，被执行人提起执行异议之诉的，人民法院告知其另行起诉。 **第三百一十条** 人民法院审理执行异议之诉案件，适用普通程序。 **第三百一十一条** 案外人或者申请执行人提起执行异议之诉的，案外人应当就其对执行标的享有足以排除强制执行的民事权益承担举证证明责任。 **第三百一十二条** 对案外人提起的执行异议之诉，人民法院经审理，按照下列情形分别处理： （一）案外人就执行标的享有足以排除强制执行的民事权益的，判决不得执行该执行标的；	

中华人民共和国民事诉讼法	最高人民法院关于适用《中华人民共和国民事诉讼法》的解释	人民检察院民事诉讼监督规则（试行）
	（二）案外人就执行标的不享有足以排除强制执行的民事权益的，判决驳回诉讼请求。 　案外人同时提出确认其权利的诉讼请求的，人民法院可以在判决中一并作出裁判。 　**第三百一十三条**　对申请执行人提起的执行异议之诉，人民法院经审理，按照下列情形分别处理： 　（一）案外人就执行标的不享有足以排除强制执行的民事权益的，判决准许执行该执行标的； 　（二）案外人就执行标的享有足以排除强制执行的民事权益的，判决驳回诉讼请求。 　**第三百一十四条**　对案外人执行异议之诉，人民法院判决不得对执行标的执行的，执行异议裁定失效。 　对申请执行人执行异议之诉，人民法院判决准许对该执行标的的执行的，执行异议裁定失效，执行法院可以根据申请执行人的申请或者依职权恢复执行。 　**第三百一十五条**　案外人执行异议之诉审理期间，人民法院不得对执行标的进行处分。申请执行人请求人民法院继续执行并提供相应担保的，人民法院可以准许。 　被执行人与案外人恶意串通，通过执行异议、执行异议之诉妨害执行的，人民法院应当依照民事诉讼法第一百一十三条规定处理。申请执行人因此受到损害的，可以提起诉讼要求被执行人、案外人赔偿。	

中华人民共和国民事诉讼法	最高人民法院关于适用《中华人民共和国民事诉讼法》的解释	人民检察院民事诉讼监督规则（试行）
	第三百一十六条　人民法院对执行标的裁定中止执行后，申请执行人在法律规定的期间内未提起执行异议之诉的，人民法院应当自起诉期限届满之日起七日内解除对该执行标的采取的执行措施。	
第十四章　第二审程序	**十六、第二审程序**	
第一百六十四条　当事人不服地方人民法院第一审判决的，有权在判决书送达之日起十五日内向上一级人民法院提起上诉。 　　当事人不服地方人民法院第一审裁定的，有权在裁定书送达之日起十日内向上一级人民法院提起上诉。	**第三百二十一条**　无民事行为能力人、限制民事行为能力人的法定代理人，可以代理当事人提起上诉。 　　**第三百二十二条**　上诉案件的当事人死亡或者终止的，人民法院依法通知其权利义务承继者参加诉讼。 　　需要终结诉讼的，适用民事诉讼法第一百五十一条规定。 　　**第三百三十六条**　在第二审程序中，作为当事人的法人或者其他组织分立的，人民法院可以直接将分立后的法人或者其他组织列为共同诉讼人；合并的，将合并后的法人或者其他组织列为当事人。 　　**第三百一十七条**　双方当事人和第三人都提起上诉的，均列为上诉人。人民法院可以依职权确定第二审程序中当事人的诉讼地位。 　　**第三百一十八条**　民事诉讼法第一百六十六条、第一百六十七条规定的对方当事人包括被上诉人和原审其他当事人。	

中华人民共和国民事诉讼法	最高人民法院关于适用《中华人民共和国民事诉讼法》的解释	人民检察院民事诉讼监督规则（试行）
	第三百一十九条 必要共同诉讼人的一人或者部分人提起上诉的，按下列情形分别处理： （一）上诉仅对与对方当事人之间权利义务分担有意见，不涉及其他共同诉讼人利益的，对方当事人为被上诉人，未上诉的同一方当事人依原审诉讼地位列明； （二）上诉仅对共同诉讼人之间权利义务分担有意见，不涉及对方当事人利益的，未上诉的同一方当事人为被上诉人，对方当事人依原审诉讼地位列明； （三）上诉对双方当事人之间以及共同诉讼人之间权利义务承担有意见的，未提起上诉的其他当事人均为被上诉人。	
第一百六十五条 上诉应当递交上诉状。上诉状的内容，应当包括当事人的姓名，法人的名称及其法定代表人的姓名或者其他组织的名称及其主要负责人的姓名；原审人民法院名称、案件的编号和案由；上诉的请求和理由。 **第一百六十六条** 上诉状应当通过原审人民法院提出，并按照对方当事人或者代表人的人数提出副本。 当事人直接向第二审人民法院上诉的，第二审人民法院应当在五日内将上诉状移交原审人民法院。	**第三百二十条** 一审宣判时或者判决书、裁定书送达时，当事人口头表示上诉的，人民法院应告知其必须在法定上诉期间内递交上诉状。未在法定上诉期间内递交上诉状的，视为未提起上诉。虽递交上诉状，但未在指定的期限内交纳上诉费的，按自动撤回上诉处理。	

中华人民共和国民事诉讼法	最高人民法院关于适用《中华人民共和国民事诉讼法》的解释	人民检察院民事诉讼监督规则（试行）
第一百六十七条 原审人民法院收到上诉状，应当在五日内将上诉状副本送达对方当事人，对方当事人在收到之日起十五日内提出答辩状。人民法院应当在收到答辩状之日起五日内将副本送达上诉人。对方当事人不提出答辩状的，不影响人民法院审理。 原审人民法院收到上诉状、答辩状，应当在五日内连同全部案卷和证据，报送第二审人民法院。		
第一百六十八条 第二审人民法院应当对上诉请求的有关事实和适用法律进行审查。	**第三百二十三条** 第二审人民法院应当围绕当事人的上诉请求进行审理。 当事人没有提出请求的，不予审理，但一审判决违反法律禁止性规定，或者损害国家利益、社会公共利益、他人合法权益的除外。	
第一百六十九条 第二审人民法院对上诉案件，应当组成合议庭，开庭审理。经过阅卷、调查和询问当事人，对没有提出新的事实、证据或者理由，合议庭认为不需要开庭审理的，可以不开庭审理。	**第三百二十四条** 开庭审理的上诉案件，第二审人民法院可以依照民事诉讼法第一百三十三条第四项规定进行审理前的准备。 **第三百三十三条** 第二审人民法院对下列上诉案件，依照民事诉讼法第一百六十九条规定可以不开庭审理： （一）不服不予受理、管辖权异议和驳回起诉裁定的； （二）当事人提出的上诉请求明显不能成立的； （三）原判决、裁定认定事实清楚，但适用法律错误的；	

中华人民共和国民事诉讼法	最高人民法院关于适用《中华人民共和国民事诉讼法》的解释	人民检察院民事诉讼监督规则（试行）
第二审人民法院审理上诉案件，可以在本院进行，也可以到案件发生地或者原审人民法院所在地进行。 　　**第一百七十条**　第二审人民法院对上诉案件，经过审理，按照下列情形，分别处理： 　　（一）原判决、裁定认定事实清楚，适用法律正确的，以判决、裁定方式驳回上诉，维持原判决、裁定； 　　（二）原判决、裁定认定事实错误或者适用法律错误的，以判决、裁定方式依法改判、撤销或者变更；	（四）原判决严重违反法定程序，需要发回重审的。 　　**第三百三十四条**　原判决、裁定认定事实或者适用法律虽有瑕疵，但裁判结果正确的，第二审人民法院可以在判决、裁定中纠正瑕疵后，依照民事诉讼法第一百七十条第一款第一项规定予以维持。 　　**第三百三十条**　人民法院依照第二审程序审理案件，认为依法不应由人民法院受理的，可以由第二审人民法院直接裁定撤销原裁判，驳回起诉。 　　**第三百三十一条**　人民法院依照第二审程序审理案件，认为第一审人民法院受理案件违反专属管辖规定的，应当裁定撤销原裁判并移送有管辖权的人民法院。 　　**第三百三十二条**　第二审人民法院查明第一审人民法院作出的不予受理裁定有错误的，应当在撤销原裁定的同时，指令第一审人民法院立案受理；查明第一审人民法院作出的驳回起诉裁定有错误的，应当在撤销原裁定的同时，指令第一审人民法院审理。	

中华人民共和国民事诉讼法	最高人民法院关于适用《中华人民共和国民事诉讼法》的解释	人民检察院民事诉讼监督规则（试行）
（三）原判决认定基本事实不清的，裁定撤销原判决，发回原审人民法院重审，或者查清事实后改判； （四）原判决遗漏当事人或者违法缺席判决等严重违反法定程序的，裁定撤销原判决，发回原审人民法院重审。	第三百三十五条　民事诉讼法第一百七十条第一款第三项规定的基本事实，是指用以确定当事人主体资格、案件性质、民事权利义务等对原判决、裁定的结果有实质性影响的事实。 第三百二十五条　下列情形，可以认定为民事诉讼法第一百七十条第一款第四项规定的严重违反法定程序： （一）审判组织的组成不合法的； （二）应当回避的审判人员未回避的； （三）无诉讼行为能力人未经法定代理人代为诉讼的； （四）违法剥夺当事人辩论权利的。 第三百二十六条　对当事人在第一审程序中已经提出的诉讼请求，原审人民法院未作审理、判决的，第二审人民法院可以根据当事人自愿的原则进行调解；调解不成的，发回重审。 第三百二十七条　必须参加诉讼的当事人或者有独立请求权的第三人，在第一审程序中未参加诉讼，第二审人民法院可以根据当事人自愿的原则予以调解；调解不成的，发回重审。 第三百二十八条　在第二审程序中，原审原告增加独立的诉讼请求或者原审被告提出反诉的，第二审人民法院可以根据当事人自愿的原则就新增加的诉讼请求或者反诉进行调解；调解不成的，告知当事人另行起诉。	

中华人民共和国民事诉讼法	最高人民法院关于适用《中华人民共和国民事诉讼法》的解释	人民检察院民事诉讼监督规则（试行）
原审人民法院对发回重审的案件作出判决后，当事人提起上诉的，第二审人民法院不得再次发回重审。 **第一百七十一条** 第二审人民法院对不服第一审人民法院裁定的上诉案件的处理，一律使用裁定。 **第一百七十二条** 第二审人民法院审理上诉案件，可以进行调解。调解达成协议，应当制作调解书，由审判人员、书记员署名，加盖人民法院印章。调解书送达后，原审人民法院的判决即视为撤销。 **第一百七十三条** 第二审人民法院判决宣告前，上诉人申请撤回上诉的，是否准许，由第二审人民法院裁定。	双方当事人同意由第二审人民法院一并审理的，第二审人民法院可以一并裁判。 **第三百二十九条** 一审判决不准离婚的案件，上诉后，第二审人民法院认为应当判决离婚的，可以根据当事人自愿的原则，与子女抚养、财产问题一并调解；调解不成的，发回重审。 双方当事人同意由第二审人民法院一并审理的，第二审人民法院可以一并裁判。 **第三百三十七条** 在第二审程序中，当事人申请撤回上诉，人民法院经审查认为一审判决确有错误，或者当事人之间恶意串通损害国家利益、社会公共利益、他人合法权益的，不应准许。	

中华人民共和国民事诉讼法	最高人民法院关于适用《中华人民共和国民事诉讼法》的解释	人民检察院民事诉讼监督规则（试行）
	第三百三十八条　在第二审程序中，原审原告申请撤回起诉，经其他当事人同意，且不损害国家利益、社会公共利益、他人合法权益的，人民法院可以准许。准许撤诉的，应当一并裁定撤销一审裁判。 　原审原告在第二审程序中撤回起诉后重复起诉的，人民法院不予受理。 　**第三百三十九条**　当事人在第二审程序中达成和解协议的，人民法院可以根据当事人的请求，对双方达成的和解协议进行审查并制作调解书送达当事人；因和解而申请撤诉，经审查符合撤诉条件的，人民法院应予准许。	
第一百七十四条　第二审人民法院审理上诉案件，除依照本章规定外，适用第一审普通程序。	**第三百四十二条**　当事人在第一审程序中实施的诉讼行为，在第二审程序中对该当事人仍具有拘束力。 　当事人推翻其在第一审程序中实施的诉讼行为时，人民法院应当责令其说明理由。理由不成立的，不予支持。	
第一百七十五条　第二审人民法院的判决、裁定，是终审的判决、裁定。	**第三百四十条**　第二审人民法院宣告判决可以自行宣判，也可以委托原审人民法院或者当事人所在地人民法院代行宣判。	

中华人民共和国民事诉讼法	最高人民法院关于适用《中华人民共和国民事诉讼法》的解释	人民检察院民事诉讼监督规则（试行）
第一百七十六条 人民法院审理对判决的上诉案件，应当在第二审立案之日起三个月内审结。有特殊情况需要延长的，由本院院长批准。 人民法院审理对裁定的上诉案件，应当在第二审立案之日起三十日内作出终审裁定。	**第三百四十一条** 人民法院审理对裁定的上诉案件，应当在第二审立案之日起三十日内作出终审裁定。有特殊情况需要延长审限的，由本院院长批准。	
第十五章 特别程序	**十七、特别程序**	
第一节 一般规定		
第一百七十七条 人民法院审理选民资格案件、宣告失踪或者宣告死亡案件、认定公民无民事行为能力或者限制民事行为能力案件、认定财产无主案件、确认调解协议案件和实现担保物权案件，适用本章规定。本章没有规定的，适用本法和其他法律的有关规定。 **第一百七十八条** 依照本章程序审理的案件，实行一审终审。选民资格案件或者重大、疑难的案件，由审判员组成合议庭审理；其他案件由审判员一人独任审理。 **第一百七十九条** 人民法院在依照本章程序审理案件的过程中，发现本案属于民事权益争议的，应当裁定终结特别程序，并告知利害关系人可以另行起诉。		

中华人民共和国民事诉讼法	最高人民法院关于适用《中华人民共和国民事诉讼法》的解释	人民检察院民事诉讼监督规则（试行）
第一百八十条 人民法院适用特别程序审理的案件，应当在立案之日起三十日内或者公告期满后三十日内审结。有特殊情况需要延长的，由本院院长批准。但审理选民资格的案件除外。		
第二节 选民资格案件		
第一百八十一条 公民不服选举委员会对选民资格的申诉所作的处理决定，可以在选举日的五日以前向选区所在地基层人民法院起诉。		
第一百八十二条 人民法院受理选民资格案件后，必须在选举日前审结。		
审理时，起诉人、选举委员会的代表和有关公民必须参加。		
人民法院的判决书，应当在选举日前送达选举委员会和起诉人，并通知有关公民。		
第三节 宣告失踪、宣告死亡案件		
第一百八十三条 公民下落不明满二年，利害关系人申请宣告其失踪的，向下落不明人住所地基层人民法院提出。		
申请书应当写明失踪的事实、时间和请求，并附有公安机关或者其他有关机关关于该公民下落不明的书面证明。		
第一百八十四条 公民下落不明满四年，或者因意外事故下落不明满二年，或者因意外事故下落不明，经有关机关证明该公民不可能生存，利害关系人申请宣告其死亡的，向下落不明人住所地基层人民法院提出。		

中华人民共和国民事诉讼法	最高人民法院关于适用《中华人民共和国民事诉讼法》的解释	人民检察院民事诉讼监督规则（试行）
申请书应当写明下落不明的事实、时间和请求，并附有公安机关或者其他有关机关关于该公民下落不明的书面证明。 　　**第一百八十五条**　人民法院受理宣告失踪、宣告死亡案件后，应当发出寻找下落不明人的公告。宣告失踪的公告期间为三个月，宣告死亡的公告期间为一年。因意外事故下落不明，经有关机关证明该公民不可能生存的，宣告死亡的公告期间为三个月。 　　公告期间届满，人民法院应当根据被宣告失踪、宣告死亡的事实是否得到确认，作出宣告失踪、宣告死亡的判决或者驳回申请的判决。	**第三百四十三条**　宣告失踪或者宣告死亡案件，人民法院可以根据申请人的请求，清理下落不明人的财产，并指定案件审理期间的财产管理人。公告期满后，人民法院判决宣告失踪的，应当同时依照民法通则第二十一条第一款的规定指定失踪人的财产代管人。 　　**第三百四十四条**　失踪人的财产代管人经人民法院指定后，代管人申请变更代管的，比照民事诉讼法特别程序的有关规定进行审理。申请理由成立的，裁定撤销申请人的代管人身份，同时另行指定财产代管人；申请理由不成立的，裁定驳回申请。 　　失踪人的其他利害关系人申请变更代管的，人民法院应当告知其以原指定的代管人为被告起诉，并按普通程序进行审理。	

中华人民共和国民事诉讼法	最高人民法院关于适用《中华人民共和国民事诉讼法》的解释	人民检察院民事诉讼监督规则（试行）
	第三百四十五条 人民法院判决宣告公民失踪后，利害关系人向人民法院申请宣告失踪人死亡，自失踪之日起满四年的，人民法院应当受理，宣告失踪的判决即是该公民失踪的证明，审理中仍应依照民事诉讼法第一百八十五条规定进行公告。 **第三百四十六条** 符合法律规定的多个利害关系人提出宣告失踪、宣告死亡申请的，列为共同申请人。 **第三百四十七条** 寻找下落不明人的公告应当记载下列内容： （一）被申请人应当在规定期间内向受理法院申报其具体地址及其联系方式。否则，被申请人将被宣告失踪、宣告死亡； （二）凡知悉被申请人生存现状的人，应当在公告期间内将其所知道情况向受理法院报告。 **第三百四十八条** 人民法院受理宣告失踪、宣告死亡案件后，作出判决前，申请人撤回申请的，人民法院应当裁定终结案件，但其他符合法律规定的利害关系人加入程序要求继续审理的除外。	
第一百八十六条 被宣告失踪、宣告死亡的公民重新出现，经本人或者利害关系人申请，人民法院应当作出新判决，撤销原判决。		

中华人民共和国民事诉讼法	最高人民法院关于适用《中华人民共和国民事诉讼法》的解释	人民检察院民事诉讼监督规则（试行）
第四节　认定公民无民事行为能力、限制民事行为能力案件		
第一百八十七条　申请认定公民无民事行为能力或者限制民事行为能力，由其近亲属或者其他利害关系人向该公民住所地基层人民法院提出。 申请书应当写明该公民无民事行为能力或者限制民事行为能力的事实和根据。 **第一百八十八条**　人民法院受理申请后，必要时应当对被请求认定为无民事行为能力或者限制民事行为能力的公民进行鉴定。申请人已提供鉴定意见的，应当对鉴定意见进行审查。 **第一百八十九条**　人民法院审理认定公民无民事行为能力或者限制民事行为能力的案件，应当由该公民的近亲属为代理人，但申请人除外。近亲属互相推诿的，由人民法院指定其中一人为代理人。该公民健康情况许可的，还应当询问本人的意见。 人民法院经审理认定申请有事实根据的，判决该公民为无民事行为能力或者限制民事行为能力人；认定申请没有事实根据的，应当判决予以驳回。	**第三百五十二条**　申请认定公民无民事行为能力或者限制民事行为能力的案件，被申请人没有近亲属的，人民法院可以指定其他亲属为代理人。被申请人没有亲属的，人民法院可以指定经被申请人所在单位或者住所地的居民委员会、村民委员会同意，且愿意担任代理人的关系密切的朋友为代理人。 没有前款规定的代理人的，由被申请人所在单位或者住所地的居民委员会、村民委员会或者民政部门担任代理人。 代理人可以是一人，也可以是同一顺序中的两人。	

中华人民共和国民事诉讼法	最高人民法院关于适用《中华人民共和国民事诉讼法》的解释	人民检察院民事诉讼监督规则（试行）
	第三百四十九条 在诉讼中，当事人的利害关系人提出该当事人患有精神病，要求宣告该当事人无民事行为能力或者限制民事行为能力的，应由利害关系人向人民法院提出申请，由受诉人民法院按照特别程序立案审理，原诉讼中止。 **第三百五十一条** 被指定的监护人不服指定，应当自接到通知之日起三十日内向人民法院提出异议。经审理，认为指定并无不当的，裁定驳回异议；指定不当的，判决撤销指定，同时另行指定监护人。判决书应当送达异议人、原指定单位及判决指定的监护人。	
第一百九十条 人民法院根据被认定为无民事行为能力人、限制民事行为能力人或者他的监护人的申请，证实该公民无民事行为能力或者限制民事行为能力的原因已经消除的，应当作出新判决，撤销原判决。		
第五节 认定财产无主案件		
第一百九十一条 申请认定财产无主，由公民、法人或者其他组织向财产所在地基层人民法院提出。 　申请书应当写明财产的种类、数量以及要求认定财产无主的根据。 **第一百九十二条** 人民法院受理申请后，经审查核实，应当发出财产认领公告。公告满一年无人认领的，判决认定财产无主，收归国家或者集体所有。	**第三百五十条** 认定财产无主案件，公告期间有人对财产提出请求的，人民法院应当裁定终结特别程序，告知申请人另行起诉，适用普通程序审理。	

中华人民共和国民事诉讼法	最高人民法院关于适用《中华人民共和国民事诉讼法》的解释	人民检察院民事诉讼监督规则（试行）
第一百九十三条 判决认定财产无主后，原财产所有人或者继承人出现，在民法通则规定的诉讼时效期间可以对财产提出请求，人民法院审查属实后，应当作出新判决，撤销原判决。		
第六节　确认调解协议案件		
第一百九十四条 申请司法确认调解协议，由双方当事人依照人民调解法等法律，自调解协议生效之日起三十日内，共同向调解组织所在地基层人民法院提出。	**第三百五十三条** 申请司法确认调解协议的，双方当事人应当本人或者由符合民事诉讼法第五十八条规定的代理人向调解组织所在地基层人民法院或者人民法庭提出申请。 **第三百五十四条** 两个以上调解组织参与调解的，各调解组织所在地基层人民法院均有管辖权。 双方当事人可以共同向其中一个调解组织所在地基层人民法院提出申请；双方当事人共同向两个以上调解组织所在地基层人民法院提出申请的，由最先立案的人民法院管辖。 **第三百五十五条** 当事人申请司法确认调解协议，可以采用书面形式或者口头形式。当事人口头申请的，人民法院应当记入笔录，并由当事人签名、捺印或者盖章。 **第三百五十六条** 当事人申请司法确认调解协议，应当向人民法院提交调解协议、调解组织主持调解的证明，以及与调解协议相关的财产权利证明等材料，并提供双方当事人的身份、住所、联系方式等基本信息。	

中华人民共和国民事诉讼法	最高人民法院关于适用《中华人民共和国民事诉讼法》的解释	人民检察院民事诉讼监督规则（试行）
第一百九十五条 人民法院受理申请后，经审查，符合法律规定的，裁定调解协议有效，一方当事人拒绝履行或者未全部履行的，对方当事人可以向人民法院申请执行；不符合法律规定的，裁定驳回申请，当事人可以通过调解方式变更原调解协议或者达成新的调解协议，也可以向人民法院提起诉讼。	当事人未提交上述材料的，人民法院应当要求当事人限期补交。 **第三百五十七条** 当事人申请司法确认调解协议，有下列情形之一的，人民法院裁定不予受理： （一）不属于人民法院受理范围的； （二）不属于收到申请的人民法院管辖的； （三）申请确认婚姻关系、亲子关系、收养关系等身份关系无效、有效或者解除的； （四）涉及适用其他特别程序、公示催告程序、破产程序审理的； （五）调解协议内容涉及物权、知识产权确权的。 人民法院受理申请后，发现有上述不予受理情形的，应当裁定驳回当事人的申请。 **第三百五十八条** 人民法院审查相关情况时，应当通知双方当事人共同到场对案件进行核实。 人民法院经审查，认为当事人的陈述或者提供的证明材料不充分、不完备或者有疑义的，可以要求当事人限期补充陈述或者补充证明材料。必要时，人民法院可以向调解组织核实有关情况。 **第三百五十九条** 确认调解协议的裁定作出前，当事人撤回申请的，人民法院可以裁定准许。	

中华人民共和国民事诉讼法	最高人民法院关于适用《中华人民共和国民事诉讼法》的解释	人民检察院民事诉讼监督规则（试行）
	当事人无正当理由未在限期内补充陈述、补充证明材料或者拒不接受询问的，人民法院可以按撤回申请处理。 **第三百六十条** 经审查，调解协议有下列情形之一的，人民法院应当裁定驳回申请： （一）违反法律强制性规定的； （二）损害国家利益、社会公共利益、他人合法权益的； （三）违背公序良俗的； （四）违反自愿原则的； （五）内容不明确的； （六）其他不能进行司法确认的情形。	
第七节　实现担保物权案件		
第一百九十六条　申请实现担保物权，由担保物权人以及其他有权请求实现担保物权的人依照物权法等法律，向担保财产所在地或者担保物权登记地基层人民法院提出。	**第三百六十一条**　民事诉讼法第一百九十六条规定的担保物权人，包括抵押权人、质权人、留置权人；其他有权请求实现担保物权的人，包括抵押人、出质人、财产被留置的债务人或者所有权人等。 **第三百六十二条**　实现票据、仓单、提单等有权利凭证的权利质权案件，可以由权利凭证持有人住所地人民法院管辖；无权利凭证的权利质权，由出质登记地人民法院管辖。 **第三百六十三条**　实现担保物权案件属于海事法院等专门人民法院管辖的，由专门人民法院管辖。	

中华人民共和国民事诉讼法	最高人民法院关于适用《中华人民共和国民事诉讼法》的解释	人民检察院民事诉讼监督规则（试行）
	第三百六十四条 同一债权的担保物有多个且所在地不同，申请人分别向有管辖权的人民法院申请实现担保物权的，人民法院应当依法受理。 **第三百六十五条** 依照物权法第一百七十六条的规定，被担保的债权既有物的担保又有人的担保，当事人对实现担保物权的顺序有约定，实现担保物权的申请违反该约定的，人民法院裁定不予受理；没有约定或者约定不明的，人民法院应当受理。 **第三百六十六条** 同一财产上设立多个担保物权，登记在先的担保物权尚未实现的，不影响后顺位的担保物权人向人民法院申请实现担保物权。 **第三百六十七条** 申请实现担保物权，应当提交下列材料： （一）申请书。申请书应当记明申请人、被申请人的姓名或者名称、联系方式等基本信息，具体的请求和事实、理由； （二）证明担保物权存在的材料，包括主合同、担保合同、抵押登记证明或者他项权利证书，权利质权的权利凭证或者质权出质登记证明等； （三）证明实现担保物权条件成就的材料； （四）担保财产现状的说明； （五）人民法院认为需要提交的其他材料。	

中华人民共和国民事诉讼法	最高人民法院关于适用《中华人民共和国民事诉讼法》的解释	人民检察院民事诉讼监督规则（试行）
	第三百六十八条 人民法院受理申请后，应当在五日内向被申请人送达申请书副本、异议权利告知书等文书。 被申请人有异议的，应当在收到人民法院通知后的五日内向人民法院提出，同时说明理由并提供相应的证据材料。 **第三百六十九条** 实现担保物权案件可以由审判员一人独任审查。担保财产标的额超过基层人民法院管辖范围的，应当组成合议庭进行审查。 **第三百七十条** 人民法院审查实现担保物权案件，可以询问申请人、被申请人、利害关系人，必要时可以依职权调查相关事实。 **第三百七十一条** 人民法院应当就主合同的效力、期限、履行情况，担保物权是否有效设立、担保财产的范围、被担保的债权范围、被担保的债权是否已届清偿期等担保物权实现的条件，以及是否损害他人合法权益等内容进行审查。 被申请人或者利害关系人提出异议的，人民法院应当一并审查。	
第一百九十七条 人民法院受理申请后，经审查，符合法律规定的，裁定拍卖、变卖担保财产，当事人依据该裁定可以向人民法院申请执行；不符合法律规定的，裁定驳回申请，当事人可以向人民法院提起诉讼。	**第三百七十二条** 人民法院审查后，按下列情形分别处理： （一）当事人对实现担保物权无实质性争议且实现担保物权条件成就的，裁定准许拍卖、变卖担保财产； （二）当事人对实现担保物权有部分实质性争议的，可以就无争议部分裁定准许拍卖、变卖担保财产；	

中华人民共和国民事诉讼法	最高人民法院关于适用《中华人民共和国民事诉讼法》的解释	人民检察院民事诉讼监督规则（试行）
	（三）当事人对实现担保物权有实质性争议的，裁定驳回申请，并告知申请人向人民法院提起诉讼。 **第三百七十三条** 人民法院受理申请后，申请人对担保财产提出保全申请的，可以按照民事诉讼法关于诉讼保全的规定办理。 **第三百七十四条** 适用特别程序作出的判决、裁定，当事人、利害关系人认为有错误的，可以向作出该判决、裁定的人民法院提出异议。人民法院经审查，异议成立或者部分成立的，作出新的判决、裁定撤销或者改变原判决、裁定；异议不成立的，裁定驳回。 对人民法院作出的确认调解协议、准许实现担保物权的裁定，当事人有异议的，应当自收到裁定之日起十五日内提出；利害关系人有异议的，自知道或者应当知道其民事权益受到侵害之日起六个月内提出。	
第十六章 审判监督程序	**十八、审判监督程序**	**第六章 对生效判决、裁定、调解书的监督**
		第一节 一般规定
第一百九十八条 各级人民法院院长对本院已经发生法律效力的判决、裁定、调解书，发现确有错误，认为需要再审的，应当提交审判委员会讨论决定。		**第七十六条** 人民检察院发现人民法院已经发生法律效力的民事判决、裁定有《中华人民共和国民事诉讼法》第二百条规定情形之一的，依法向人民法院提出再审检察建议或者抗诉。

中华人民共和国民事诉讼法	最高人民法院关于适用《中华人民共和国民事诉讼法》的解释	人民检察院民事诉讼监督规则（试行）
最高人民法院对地方各级人民法院已经发生法律效力的判决、裁定、调解书，上级人民法院对下级人民法院已经发生法律效力的判决、裁定、调解书，发现确有错误的，有权提审或者指令下级人民法院再审。 　　**第一百九十九条**　当事人对已经发生法律效力的判决、裁定，认为有错误的，可以向上一级人民法院申请再审；当事人一方人数众多或者当事人双方为公民的案件，也可以向原审人民法院申请再审。当事人申请再审的，不停止判决、裁定的执行。	**第三百七十五条**　当事人死亡或者终止的，其权利义务承继者可以根据民事诉讼法第一百九十九条、第二百零一条的规定申请再审。 　　判决、调解书生效后，当事人将判决、调解书确认的债权转让，债权受让人对该判决、调解书不服申请再审的，人民法院不予受理。 　　**第三百七十六条**　民事诉讼法第一百九十九条规定的人数众多的一方当事人，包括公民、法人和其他组织。 　　民事诉讼法第一百九十九条规定的当事人双方为公民的案件，是指原告和被告均为公民的案件。 　　**第三百七十九条**　当事人一方人数众多或者当事人双方为公民的案件，当事人分别向原审人民法院和上一级人民法院申请再审且不能协商一致的，由原审人民法院受理。 　　**第三百八十一条**　当事人认为发生法律效力的不予受理、驳回起诉的裁定错误的，可以申请再审。	**第七十七条**　人民检察院发现民事调解书损害国家利益、社会公共利益的，依法向人民法院提出再审检察建议或者抗诉。

中华人民共和国民事诉讼法	最高人民法院关于适用《中华人民共和国民事诉讼法》的解释	人民检察院民事诉讼监督规则（试行）
第二百零五条 当事人申请再审，应当在判决、裁定发生法律效力后六个月内提出；有本法第二百条第一项、第三项、第十二项、第十三项规定情形的，自知道或者应当知道之日起六个月内提出。 **第二百条** 当事人的申请符合下列情形之一的，人民法院应当再审： （一）有新的证据，足以推翻原判决、裁定的； （二）原判决、裁定认定的基本事实缺乏证据证明的；		**第七十八条** 下列证据，应当认定为《中华人民共和国民事诉讼法》第二百条第一项规定的"新的证据"： （一）原审庭审结束前已客观存在但庭审结束后新发现的证据； （二）原审庭审结束前已经发现，但因客观原因无法取得或者在规定的期限内不能提供的证据； （三）原审庭审结束后原作出鉴定意见、勘验笔录者重新鉴定、勘验，推翻原意见的证据； （四）当事人在原审中提供的，原审未予质证、认证，但足以推翻原判决、裁定的主要证据。 **第七十九条** 有下列情形之一的，应当认定为《中华人民共和国民事诉讼法》第二百条第二项规定的"认定的基本事实缺乏证据证明"： （一）认定的基本事实没有证据支持，或者认定的基本事实所依据的证据虚假、缺乏证明力的；

中华人民共和国民事诉讼法	最高人民法院关于适用《中华人民共和国民事诉讼法》的解释	人民检察院民事诉讼监督规则（试行）
（三）原判决、裁定认定事实的主要证据是伪造的； （四）原判决、裁定认定事实的主要证据未经质证的； （五）对审理案件需要的主要证据，当事人因客观原因不能自行收集，书面申请人民法院调查收集，人民法院未调查收集的； （六）原判决、裁定适用法律确有错误的； （七）审判组织的组成不合法或者依法应当回避的审判人员没有回避的；		（二）认定的基本事实所依据的证据不合法的； （三）对基本事实的认定违反逻辑推理或者日常生活法则的； （四）认定的基本事实缺乏证据证明的其他情形。 **第八十条** 有下列情形之一的，应当认定为《中华人民共和国民事诉讼法》第二百条第六项规定的"适用法律确有错误"： （一）适用的法律与案件性质明显不符的； （二）认定法律关系主体、性质或者法律行为效力错误的； （三）确定民事责任明显违背当事人有效约定或者法律规定的； （四）适用的法律已经失效或者尚未施行的； （五）违反法律溯及力规定的； （六）违反法律适用规则的； （七）适用法律明显违背立法本意的； （八）适用诉讼时效规定错误的； （九）适用法律错误的其他情形。 **第八十一条** 有下列情形之一的，应当认定为《中华人民共和国民事诉讼法》第二百条第七项规定的"审判组织的组成不合法"：

中华人民共和国民事诉讼法	最高人民法院关于适用《中华人民共和国民事诉讼法》的解释	人民检察院民事诉讼监督规则（试行）
		（一）应当组成合议庭审理的案件独任审判的；
		（二）人民陪审员参与第二审案件审理的；
		（三）再审、发回重审的案件没有另行组成合议庭的；
		（四）审理案件的人员不具有审判资格的；
		（五）审判组织或者人员不合法的其他情形。
（八）无诉讼行为能力人未经法定代理人代为诉讼或者应当参加诉讼的当事人，因不能归责于本人或者其诉讼代理人的事由，未参加诉讼的； （九）违反法律规定，剥夺当事人辩论权利的；		第八十二条 有下列情形之一的，应当认定为《中华人民共和国民事诉讼法》剥夺当事人辩论权利： （一）不允许或者严重限制当事人行使辩论权利的； （二）应当开庭审理而未开庭审理的； （三）违反法律规定送达起诉状副本或者上诉状副本，致使当事人无法行使辩论权利的； （四）违法剥夺当事人辩论权利的其他情形。

中华人民共和国民事诉讼法	最高人民法院关于适用《中华人民共和国民事诉讼法》的解释	人民检察院民事诉讼监督规则（试行）
（十）未经传票传唤，缺席判决的； （十一）原判决、裁定遗漏或者超出诉讼请求的； （十二）据以作出原判决、裁定的法律文书被撤销或者变更的； （十三）审判人员审理该案件时有贪污受贿，徇私舞弊，枉法裁判行为的。 **第二百零一条** 当事人对已经发生法律效力的调解书，提出证据证明调解违反自愿原则或者调解协议的内容违反法律的，可以申请再审。经人民法院审查属实的，应当再审。 **第二百零二条** 当事人对已经发生法律效力的解除婚姻关系的判决、调解书，不得申请再审。	**第三百八十条** 适用特别程序、督促程序、公示催告程序、破产程序等非讼程序审理的案件，当事人不得申请再审。 **第三百八十四条** 当事人对已经发生法律效力的调解书申请再审，应当在调解书发生法律效力后六个月内提出。 **第三百八十二条** 当事人就离婚案件中的财产分割问题申请再审，如涉及判决中已分割的财产，人民法院应当依照民事诉讼法第二百条的规定进行审查，符合再审条件的，应当裁定再审；如涉及判决中未作处理的夫妻共同财产，应当告知当事人另行起诉。 **第三百八十三条** 当事人申请再审，有下列情形之一的，人民法院不予受理： （一）再审申请被驳回后再次提出申请的； （二）对再审判决、裁定提出申请的； （三）在人民检察院对当事人的申请作出不予提出再审检察建议或者抗诉决定后又提出申请的。	

中华人民共和国民事诉讼法	最高人民法院关于适用《中华人民共和国民事诉讼法》的解释	人民检察院民事诉讼监督规则（试行）

第二百零三条 当事人申请再审的，应当提交再审申请书等材料。人民法院应当自收到再审申请书之日起五日内将再审申请书副本发送对方当事人。对方当事人应当自收到再审申请书副本之日起十五日内提交书面意见；不提交书面意见的，不影响人民法院审查。人民法院可以要求申请人和对方当事人补充有关材料，询问有关事项。	前款第一项、第二项规定情形，人民法院应当告知当事人可以向人民检察院申请再审检察建议或者抗诉，但因人民检察院提出再审检察建议或者抗诉而再审作出的判决、裁定除外。
	    第三百七十七条 当事人申请再审，应当提交下列材料：
	    （一）再审申请书，并按照被申请人和原审其他当事人的人数提交副本；
	    （二）再审申请人是自然人的，应当提交身份证明；再审申请人是法人或者其他组织的，应当提交营业执照、组织机构代码证书、法定代表人或者主要负责人身份证明书。委托他人代为申请的，应当提交授权委托书和代理人身份证明；
	    （三）原审判决书、裁定书、调解书；
	    （四）反映案件基本事实的主要证据及其他材料。
	    前款第二项、第三项、第四项规定的材料可以是与原件核对无异的复印件。
	    第三百七十八条 再审申请书应当记明下列事项：
	    （一）再审申请人与被申请人及原审其他当事人的基本信息；
	    （二）原审人民法院的名称，原审裁判文书案号；
	    （三）具体的再审请求；
	    （四）申请再审的法定情形及具体事实、理由。	

中华人民共和国民事诉讼法	最高人民法院关于适用《中华人民共和国民事诉讼法》的解释	人民检察院民事诉讼监督规则（试行）
第二百零四条 人民法院应当自收到再审申请书之日起三个月内审查，符合本法规定的，裁定再审；不符合本法规定的，裁定驳回申请。有特殊情况需要延长的，由本院院长批准。 因当事人申请裁定再审的案件由中级人民法院以上的人民法院审理，但当事人依照本法第一百九十九条的规定选择向基层人民法院申请再审的除外。最高人民法院、高级人民法院裁定再审的案件，由本院再审或者交其他人民法院再审，也可以交原审人民法院再审。	再审申请书应当明确申请再审的人民法院，并由再审申请人签名、捺印或者盖章。 **第三百八十五条** 人民法院应当自收到符合条件的再审申请书等材料之日起五日内向再审申请人发送受理通知书，并向被申请人及原审其他当事人发送应诉通知书、再审申请书副本等材料。 **第三百八十六条** 人民法院受理申请再审案件后，应当依照民事诉讼法第二百条、第二百零一条、第二百零四条等规定，对当事人主张的再审事由进行审查。 **第三百八十七条** 再审申请人提供的新的证据，能够证明原判决、裁定认定基本事实或者裁判结果错误的，应当认定为民事诉讼法第二百条第一项规定的情形。 对于符合前款规定的证据，人民法院应当责令再审申请人说明其逾期提供该证据的理由；拒不说明理由或者理由不成立的，依照民事诉讼法第六十五条第二款和本解释第一百零二条的规定处理。 **第三百八十八条** 再审申请人证明其提交的新的证据符合下列情形之一的，可以认定逾期提供证据的理由成立： （一）在原审庭审结束前已经存在，因客观原因于庭审结束后才发现的； （二）在原审庭审结束前已经发现，但因客观原因无法取得或者在规定的期限内不能提供的；	

中华人民共和国民事诉讼法	最高人民法院关于适用《中华人民共和国民事诉讼法》的解释	人民检察院民事诉讼监督规则（试行）
	（三）在原审庭审结束后形成，无法据此另行提起诉讼的。 再审申请人提交的证据在原审中已经提供，原审人民法院未组织质证且未作为裁判根据的，视为逾期提供证据的理由成立，但原审人民法院依照民事诉讼法第六十五条规定不予采纳的除外。 **第三百八十九条** 当事人对原判决、裁定认定事实的主要证据在原审中拒绝发表质证意见或者质证中未对证据发表质证意见的，不属于民事诉讼法第二百条第四项规定的未经质证的情形。 **第三百九十条** 有下列情形之一，导致判决、裁定结果错误的，应当认定为民事诉讼法第二百条第六项规定的原判决、裁定适用法律确有错误： （一）适用的法律与案件性质明显不符的； （二）确定民事责任明显违背当事人约定或者法律规定的； （三）适用已经失效或者尚未施行的法律的； （四）违反法律溯及力规定的； （五）违反法律适用规则的； （六）明显违背立法原意的。 **第三百九十一条** 原审开庭过程中有下列情形之一的，应当认定为民事诉讼法第二百条第九项规定的剥夺当事人辩论权利：	

中华人民共和国民事诉讼法	最高人民法院关于适用《中华人民共和国民事诉讼法》的解释	人民检察院民事诉讼监督规则（试行）
	（一）不允许当事人发表辩论意见的； （二）应当开庭审理而未开庭审理的； （三）违反法律规定送达起诉状副本或者上诉状副本，致使当事人无法行使辩论权利的； （四）违法剥夺当事人辩论权利的其他情形。 **第三百九十二条** 民事诉讼法第二百条第十一项规定的诉讼请求，包括一审诉讼请求、二审上诉请求，但当事人未对一审判决、裁定遗漏或者超出诉讼请求提起上诉的除外。 **第三百九十三条** 民事诉讼法第二百条第十二项规定的法律文书包括： （一）发生法律效力的判决书、裁定书、调解书； （二）发生法律效力的仲裁裁决书； （三）具有强制执行效力的公证债权文书。 **第三百九十四条** 民事诉讼法第二百条第十三项规定的审判人员审理该案件时有贪污受贿、徇私舞弊、枉法裁判行为，是指已经由生效刑事法律文书或者纪律处分决定所确认的行为。 **第三百九十五条** 当事人主张的再审事由成立，且符合民事诉讼法和本解释规定的申请再审条件的，人民法院应当裁定再审。	

中华人民共和国民事诉讼法	最高人民法院关于适用《中华人民共和国民事诉讼法》的解释	人民检察院民事诉讼监督规则（试行）
	当事人主张的再审事由不成立，或者当事人申请再审超过法定申请再审期限、超出法定再审事由范围等不符合民事诉讼法和本解释规定的申请再审条件的，人民法院应当裁定驳回再审申请。	
第二百零六条 按照审判监督程序决定再审的案件，裁定中止原判决、裁定、调解书的执行，但追索赡养费、扶养费、抚育费、抚恤金、医疗费用、劳动报酬等案件，可以不中止执行。 **第二百零七条** 人民法院按照审判监督程序再审的案件，发生法律效力的判决、裁定是由第一审法院作出的，按照第一审程序审理，所作的判决、裁定，当事人可以上诉；发生法律效力的判决、裁定是由第二审法院作出的，按照第二审程序审理，所作的判决、裁定，是发生法律效力的判决、裁定；上级人民法院按照审判监督程序提审的，按照第二审程序审理，所作的判决、裁定是发生法律效力的判决、裁定。 人民法院审理再审案件，应当另行组成合议庭。	**第三百九十六条** 人民法院对已经发生法律效力的判决、裁定、调解书依法决定再审，依照民事诉讼法第二百零六条规定，需要中止执行的，应当在再审裁定中同时写明中止原判决、裁定、调解书的执行；情况紧急的，可以将中止执行裁定口头通知负责执行的人民法院，并在通知后十日内发出裁定书。 **第三百九十七条** 人民法院根据审查案件的需要决定是否询问当事人。新的证据可能推翻原判决、裁定的，人民法院应当询问当事人。 **第三百九十八条** 审查再审申请期间，被申请人及原审其他当事人依法提出再审申请的，人民法院应当将其列为再审申请人，对其再审事由一并审查，审查期限重新计算。经审查，其中一方再审申请人主张的再审事由成立的，应当裁定再审。各方再审申请人主张的再审事由均不成立的，一并裁定驳回再审申请。 **第三百九十九条** 审查再审申请期间，再审申请人申请人民法院委托鉴定、勘验的，人民法院不予准许。	

中华人民共和国民事诉讼法	最高人民法院关于适用《中华人民共和国民事诉讼法》的解释	人民检察院民事诉讼监督规则（试行）
	第四百条 审查再审申请期间，再审申请人撤回再审申请的，是否准许，由人民法院裁定。 再审申请人经传票传唤，无正当理由拒不接受询问的，可以按撤回再审申请处理。 **第四百零一条** 人民法院准许撤回再审申请或者按撤回再审申请处理后，再审申请人再次申请再审的，不予受理，但有民事诉讼法第二百条第一项、第三项、第十二项、第十三项规定情形，自知道或者应当知道之日起六个月内提出的除外。 **第四百零二条** 再审申请审查期间，有下列情形之一的，裁定终结审查： （一）再审申请人死亡或者终止，无权利义务承继者或者权利义务承继者声明放弃再审申请的； （二）在给付之诉中，负有给付义务的被申请人死亡或者终止，无可供执行的财产，也没有应当承担义务的人的； （三）当事人达成和解协议且已履行完毕的，但当事人在和解协议中声明不放弃申请再审权利的除外； （四）他人未经授权以当事人名义申请再审的； （五）原审或者上一级人民法院已经裁定再审的； （六）有本解释第三百八十三条第一款规定情形的。	

中华人民共和国民事诉讼法	最高人民法院关于适用《中华人民共和国民事诉讼法》的解释	人民检察院民事诉讼监督规则（试行）
	第四百零三条 人民法院审理再审案件应当组成合议庭开庭审理，但按照第二审程序审理，有特殊情况或者双方当事人已经通过其他方式充分表达意见，且书面同意不开庭审理的除外。 符合缺席判决条件的，可以缺席判决。 **第四百零四条** 人民法院开庭审理再审案件，应当按照下列情形分别进行： （一）因当事人申请再审的，先由再审申请人陈述再审请求及理由，后由被申请人答辩、其他原审当事人发表意见； （二）因抗诉再审的，先由抗诉机关宣读抗诉书，再由申请抗诉的当事人陈述，后由被申请人答辩、其他原审当事人发表意见； （三）人民法院依职权再审，有申诉人的，先由申诉人陈述再审请求及理由，后由被申诉人答辩、其他原审当事人发表意见； （四）人民法院依职权再审，没有申诉人的，先由原审原告或者原审上诉人陈述，后由原审其他当事人发表意见。 对前款第一项至第三项规定的情形，人民法院应当要求当事人明确其再审请求。 **第四百零五条** 人民法院审理再审案件应当围绕再审请求进行。当事人的再审请求超出原审诉讼请求的，不予审理；符合另案诉讼条件的，告知当事人可以另行起诉。 被申请人及原审其他当事人在庭审辩论结束前提出的再审请求，符合民事诉讼法第二百零五条规定的，人民法院应当一并审理。	

中华人民共和国民事诉讼法	最高人民法院关于适用《中华人民共和国民事诉讼法》的解释	人民检察院民事诉讼监督规则（试行）
	人民法院经再审，发现已经发生法律效力的判决、裁定损害国家利益、社会公共利益、他人合法权益的，应当一并审理。 **第四百零六条** 再审审理期间，有下列情形之一的，可以裁定终结再审程序： （一）再审申请人在再审期间撤回再审请求，人民法院准许的； （二）再审申请人经传票传唤，无正当理由拒不到庭的，或者未经法庭许可中途退庭，按撤回再审请求处理的； （三）人民检察院撤回抗诉的； （四）有本解释第四百零二条第一项至第四项规定情形的。 因人民检察院提出抗诉裁定再审的案件，申请抗诉的当事人有前款规定的情形，且不损害国家利益、社会公共利益或者他人合法权益的，人民法院应当裁定终结再审程序。 再审程序终结后，人民法院裁定中止执行的原生效判决自动恢复执行。 **第四百零七条** 人民法院经再审审理认为，原判决、裁定认定事实清楚、适用法律正确的，应予维持；原判决、裁定认定事实、适用法律虽有瑕疵，但裁判结果正确的，应当在再审判决、裁定中纠正瑕疵后予以维持。 原判决、裁定认定事实、适用法律错误，导致裁判结果错误的，应当依法改判、撤销或者变更。	

中华人民共和国民事诉讼法	最高人民法院关于适用《中华人民共和国民事诉讼法》的解释	人民检察院民事诉讼监督规则（试行）
	第四百零八条 按照第二审程序再审的案件，人民法院经审理认为不符合民事诉讼法规定的起诉条件或者符合民事诉讼法第一百二十四条规定不予受理情形的，应当裁定撤销一、二审判决，驳回起诉。 **第四百零九条** 人民法院对调解书裁定再审后，按照下列情形分别处理： （一）当事人提出的调解违反自愿原则的事由不成立，且调解书的内容不违反法律强制性规定的，裁定驳回再审申请； （二）人民检察院抗诉或者再审检察建议所主张的损害国家利益、社会公共利益的理由不成立的，裁定终结再审程序。 前款规定情形，人民法院裁定中止执行的调解书需要继续执行的，自动恢复执行。 **第四百一十条** 一审原告在再审审理程序中申请撤回起诉，经其他当事人同意，且不损害国家利益、社会公共利益、他人合法权益的，人民法院可以准许。裁定准许撤诉的，应当一并撤销原判决。 一审原告在再审审理程序中撤回起诉后重复起诉的，人民法院不予受理。 **第四百一十一条** 当事人提交新的证据致使再审改判，因再审申请人或者申请检察监督当事人的过错未能在原审程序中及时举证，被申请人等当事人请求补偿其增加的交通、住宿、就餐、误工等必要费用的，人民法院应予支持。	

中华人民共和国民事诉讼法	最高人民法院关于适用《中华人民共和国民事诉讼法》的解释	人民检察院民事诉讼监督规则（试行）
	第四百一十二条　部分当事人到庭并达成调解协议，其他当事人未作出书面表示的，人民法院应当在判决中对该事实作出表述；调解协议内容不违反法律规定，且不损害其他当事人合法权益的，可以在判决主文中予以确认。	
		第二节　再审检察建议和提请抗诉
第二百零八条　最高人民检察院对各级人民法院已经发生法律效力的判决、裁定，上级人民检察院对下级人民法院已经发生法律效力的判决、裁定，发现有本法第二百条规定情形之一的，或者发现调解书损害国家利益、社会公共利益的，应当提出抗诉。 　　地方各级人民检察院对同级人民法院已经发生法律效力的判决、裁定，发现有本法第二百条规定情形之一的，或者发现调解书损害国家利益、社会公共利益的，可以向同级人民法院提出检察建议，并报上级人民检察院备案；也可以提请上级人民检察院向同级人民法院提出抗诉。 　　各级人民检察院对审判监督程序以外的其他审判程序中审判人员的违法行为，有权向同级人民法院提出检察建议。 　　第二百零九条　有下列情形之一的，当事人可以向人民检察院申请检察建议或者抗诉： 　　（一）人民法院驳回再审申请的；	第四百一十三条　人民检察院依法对损害国家利益、社会公共利益的发生法律效力的判决、裁定、调解书提出抗诉，或者经人民检察院检察委员会讨论决定提出再审检察建议的，人民法院应予受理。 　　第四百一十四条　人民检察院对已经发生法律效力的判决以及不予受理、驳回起诉的裁定依法提出抗诉的，人民法院应予受理，但适用特别程序、督促程序、公示催告程序、破产程序以及解除婚姻关系的判决、裁定等不适用审判监督程序的判决、裁定除外。 　　第四百一十五条　人民检察院依照民事诉讼法第二百零九条第一款第三项规定对有明显错误的再审判决、裁定提出抗诉或者再审检察建议的，人民法院应予受理。 　　第四百一十六条　地方各级人民检察院依当事人的申请对生效判决、裁定向同级人民法院提出再审检察建议，符合下列条件的，应予受理：	第八十三条　地方各级人民检察院发现同级人民法院已经发生法律效力的民事判决、裁定有下列情形之一的，可以向同级人民法院提出再审检察建议： 　　（一）有新的证据，足以推翻原判决、裁定的； 　　（二）原判决、裁定认定的基本事实缺乏证据证明的； 　　（三）原判决、裁定认定事实的主要证据是伪造的； 　　（四）原判决、裁定认定事实的主要证据未经质证的； 　　（五）对审理案件需要的主要证据，当事人因客观原因不能自行收集，书面申请人民法院调查收集，人民法院未调查收集的； 　　（六）审判组织的组成不合法或者依法应当回避的审判人员没有回避的； 　　（七）无诉讼行为能力人未经法定代理人代为诉讼或者应当参加诉讼的当事人，因

中华人民共和国民事诉讼法	最高人民法院关于适用《中华人民共和国民事诉讼法》的解释	人民检察院民事诉讼监督规则（试行）
（二）人民法院逾期未对再审申请作出裁定的； （三）再审判决、裁定有明显错误的。 　　人民检察院对当事人的申请应当在三个月内进行审查，作出提出或者不予提出检察建议或者抗诉的决定。当事人不得再次向人民检察院申请检察建议或者抗诉。 　　**第二百一十条**　人民检察院因履行法律监督职责提出检察建议或者抗诉的需要，可以向当事人或案外人调查核实有关情况。 　　**第二百一十一条**　人民检察院提出抗诉的案件，接受抗诉的人民法院应当自收到抗诉书之日起三十日内作出再审的裁定；有本法第二百条第一项至第五项规定情形之一的，可以交下一级人民法院再审，但经该下一级人民法院再审的除外。 　　**第二百一十二条**　人民检察院决定对人民法院的判决、裁定、调解书提出抗诉的，应当制作抗诉书。 　　**第二百一十三条**　人民检察院提出抗诉的案件，人民法院再审时，应当通知人民检察院派员出席法庭。	（一）再审检察建议书和原审当事人申请书及相关证据材料已经提交； （二）建议再审的对象为依照民事诉讼法和本解释规定可以进行再审的判决、裁定； （三）再审检察建议书列明该判决、裁定有民事诉讼法第二百零八条第二款规定情形； （四）符合民事诉讼法第二百零九条第一款第一项、第二项规定情形； （五）再审检察建议经该人民检察院检察委员会讨论决定。 　　不符合前款规定的，人民法院可以建议人民检察院予以补正或者撤回；不予补正或者撤回的，应当函告人民检察院不予受理。 　　**第四百一十七条**　人民检察院依当事人的申请对生效判决、裁定提出抗诉，符合下列条件的，人民法院应当在三十日内裁定再审： （一）抗诉书和原审当事人申请书及相关证据材料已经提交； （二）抗诉对象为依照民事诉讼法和本解释规定可以进行再审的判决、裁定； （三）抗诉书列明该判决、裁定有民事诉讼法第二百零八条第一款规定情形； （四）符合民事诉讼法第二百零九条第一款第一项、第二项规定情形。	不能归责于本人或者其诉讼代理人的事由，未参加诉讼的； （八）违反法律规定，剥夺当事人辩论权利的； （九）未经传票传唤，缺席判决的； （十）原判决、裁定遗漏或者超出诉讼请求的； （十一）据以作出原判决、裁定的法律文书被撤销或者变更的。 　　**第八十四条**　符合本规则第八十三条规定的案件有下列情形之一的，地方各级人民检察院应当提请上一级人民检察院抗诉： （一）判决、裁定是经同级人民法院再审后作出的； （二）判决、裁定是经同级人民法院审判委员会讨论作出的； （三）其他不适宜由同级人民法院再审纠正的。 　　**第八十五条**　地方各级人民检察院发现同级人民法院已经发生法律效力的民事判决、裁定具有下列情形之一的，应当提请上一级人民检察院抗诉： （一）原判决、裁定适用法律确有错误的； （二）审判人员在审理该案件时有贪污受贿、徇私舞弊、枉法裁判行为的。

中华人民共和国民事诉讼法	最高人民法院关于适用《中华人民共和国民事诉讼法》的解释	人民检察院民事诉讼监督规则（试行）
	不符合前款规定的，人民法院可以建议人民检察院予以补正或者撤回；不予补正或者撤回的，人民法院可以裁定不予受理。	**第八十六条** 地方各级人民检察院发现民事调解书损害国家利益、社会公共利益的，可以向同级人民法院提出再审检察建议，也可以提请上一级人民检察院抗诉。
	第四百一十八条 当事人的再审申请被上级人民法院裁定驳回后，人民检察院对原判决、裁定、调解书提出抗诉，抗诉事由符合民事诉讼法第二百条第一项至第五项规定情形之一的，受理抗诉的人民法院可以交由下一级人民法院再审。	**第八十七条** 对人民法院已经采纳再审检察建议进行再审的案件，提出再审检察建议的人民检察院一般不得再向上一级人民检察院提请抗诉。
	第四百一十九条 人民法院收到再审检察建议后，应当组成合议庭，在三个月内进行审查，发现原判决、裁定、调解书确有错误，需要再审的，依照民事诉讼法第一百九十八条规定裁定再审，并通知当事人；经审查，决定不予再审的，应当书面回复人民检察院。	人民检察院提出再审检察建议，应当制作《再审检察建议书》，在决定提出再审检察建议之日起十五日内将《再审检察建议书》连同案件卷宗移送同级人民法院，并制作决定提出再审检察建议的《通知书》，发送当事人。
	第四百二十条 人民法院审理因人民检察院抗诉或者检察建议裁定再审的案件，不受此前已经作出的驳回当事人再审申请裁定的影响。	人民检察院提出再审检察建议，应当经本院检察委员会决定，并将《再审检察建议书》报上一级人民检察院备案。
		第八十八条 人民检察院提出再审检察建议，应当制作《再审检察建议书》，在决定提出再审检察建议之日起十五日内将《再审检察建议书》连同案件卷宗移送同级人民法院，并制作决定提出再审检察建议的《通知书》，发送当事人。
		人民检察院提出再审检察建议，应当经本院检察委员会决定，并将《再审检察建议书》报上一级人民检察院备案。

中华人民共和国民事诉讼法	最高人民法院关于适用《中华人民共和国民事诉讼法》的解释	人民检察院民事诉讼监督规则（试行）
		第八十九条 人民检察院提请抗诉，应当制作《提请抗诉报告书》，在决定提请抗诉之日起十五日内将《提请抗诉报告书》连同案件卷宗报送上一级人民检察院，并制作决定提请抗诉的《通知书》，发送当事人。 **第九十条** 人民检察院认为当事人的监督申请不符合提出再审检察建议或者提请抗诉条件的，应当作出不支持监督申请的决定，并在决定之日起十五日内制作《不支持监督申请决定书》，发送当事人。
		第三节 抗诉
		第九十一条 最高人民检察院对各级人民法院已经发生法律效力的民事判决、裁定、调解书，上级人民检察院对下级人民法院已经发生法律效力的民事判决、裁定、调解书，发现有《中华人民共和国民事诉讼法》第二百条、第二百零八条规定情形的，应当向同级人民法院提出抗诉。 **第九十二条** 人民检察院提出抗诉，应当制作《抗诉书》，在决定抗诉之日起十五日内将《抗诉书》连同案件卷宗移送同级人民法院，并制作决定抗诉的《通知书》，发送当事人。

中华人民共和国民事诉讼法	最高人民法院关于适用《中华人民共和国民事诉讼法》的解释	人民检察院民事诉讼监督规则（试行）
		第九十三条　人民检察院认为当事人的监督申请不符合抗诉条件的，应当作出不支持监督申请的决定，并在决定之日起十五日内制作《不支持监督申请决定书》，发送当事人。下级人民检察院提请抗诉的案件，上级人民检察院可以委托提请抗诉的人民检察院将《不支持监督申请决定书》发送当事人。
		第四节　出庭
	第四百二十一条　人民法院开庭审理抗诉案件，应当在开庭三日前通知人民检察院、当事人和其他诉讼参与人。同级人民检察院或者提出抗诉的人民检察院应当派员出庭。 　　人民检察院因履行法律监督职责向当事人或者案外人调查核实的情况，应当向法庭提交并予以说明，由双方当事人进行质证。	第九十四条　人民检察院提出抗诉的案件，人民法院再审时，人民检察院应当派员出席法庭。 　　第九十五条　受理抗诉的人民法院将抗诉案件交下级人民法院再审的，提出抗诉的人民检察院可以指令再审人民法院的同级人民检察院派员出庭。 　　第九十六条　检察人员出席再审法庭的任务是： 　　（一）宣读抗诉书； 　　（二）对依职权调查的证据予以出示和说明。 　　检察人员发现庭审活动违法的，应当待休庭或者庭审结束之后，以人民检察院的名义提出检察建议。

中华人民共和国民事诉讼法	最高人民法院关于适用《中华人民共和国民事诉讼法》的解释	人民检察院民事诉讼监督规则（试行）
	第四百二十二条 必须共同进行诉讼的当事人因不能归责于本人或者其诉讼代理人的事由未参加诉讼的，可以根据民事诉讼法第二百条第八项规定，自知道或者应当知道之日起六个月内申请再审，但符合本解释第四百二十三条规定情形的除外。 人民法院因前款规定的当事人申请而裁定再审，按照第一审程序再审的，应当追加其为当事人，作出新的判决、裁定；按照第二审程序再审，经调解不能达成协议的，应当撤销原判决、裁定，发回重审，重审时应追加其为当事人。 **第四百二十三条** 根据民事诉讼法第二百二十七条规定，案外人对驳回其执行异议的裁定不服，认为原判决、裁定、调解书内容错误损害其民事权益的，可以自执行异议裁定送达之日起六个月内，向作出原判决、裁定、调解书的人民法院申请再审。 **第四百二十四条** 根据民事诉讼法第二百二十七条规定，人民法院裁定再审后，案外人属于必要的共同诉讼当事人的，依照本解释第四百二十二条第二款规定处理。 案外人不是必要的共同诉讼当事人的，人民法院仅审理原判决、裁定、调解书对其民事权益造成损害的内容。经审理，再审请求成立的，撤销或者改变原判决、裁定、调解书；再审请求不成立的，维持原判决、裁定、调解书。	

中华人民共和国民事诉讼法	最高人民法院关于适用《中华人民共和国民事诉讼法》的解释	人民检察院民事诉讼监督规则（试行）
	第四百二十五条　本解释第三百四十条规定适用于审判监督程序。 　　第四百二十六条　对小额诉讼案件的判决、裁定，当事人以民事诉讼法第二百条规定的事由向原审人民法院申请再审的，人民法院应当受理。申请再审事由成立的，应当裁定再审，组成合议庭进行审理。作出的再审判决、裁定，当事人不得上诉。 　　当事人以不应按小额诉讼案件审理为由向原审人民法院申请再审的，人民法院应当受理。理由成立的，应当裁定再审，组成合议庭审理。作出的再审判决、裁定，当事人可以上诉。	
第十七章　督促程序	十九、督促程序	
第二百一十四条　债权人请求债务人给付金钱、有价证券，符合下列条件的，可以向有管辖权的基层人民法院申请支付令： 　　（一）债权人与债务人没有其他债务纠纷的； 　　（二）支付令能够送达债务人的。 　　申请书应当写明请求给付金钱或者有价证券的数量和所根据的事实、证据。 　　第二百一十五条　债权人提出申请后，人民法院应当在五日内通知债权人是否受理。	第四百二十七条　两个以上人民法院都有管辖权的，债权人可以向其中一个基层人民法院申请支付令。 　　债权人向两个以上有管辖权的基层人民法院申请支付令的，由最先立案的人民法院管辖。 　　第四百二十八条　人民法院收到债权人的支付令申请书后，认为申请书不符合要求的，可以通知债权人限期补正。人民法院应当自收到补正材料之日起五日内通知债权人是否受理。	

中华人民共和国民事诉讼法	最高人民法院关于适用《中华人民共和国民事诉讼法》的解释	人民检察院民事诉讼监督规则（试行）
	第四百二十九条 债权人申请支付令，符合下列条件的，基层人民法院应当受理，并在收到支付令申请书后五日内通知债权人： （一）请求给付金钱或者汇票、本票、支票、股票、债券、国库券、可转让的存款单等有价证券； （二）请求给付的金钱或者有价证券已到期且数额确定，并写明了请求所根据的事实、证据； （三）债权人没有对待给付义务； （四）债务人在我国境内且未下落不明； （五）支付令能够送达债务人； （六）收到申请书的人民法院有管辖权； （七）债权人未向人民法院申请诉前保全。 不符合前款规定的，人民法院应当在收到支付令申请书后五日内通知债权人不予受理。 基层人民法院受理申请支付令案件，不受债权金额的限制。	
第二百一十六条 人民法院受理申请后，经审查债权人提供的事实、证据，对债权债务关系明确、合法的，应当在受理之日起十五日内向债务人发出支付令；申请不成立的，裁定予以驳回。	**第四百三十条** 人民法院受理申请后，由审判员一人进行审查。经审查，有下列情形之一的，裁定驳回申请： （一）申请人不具备当事人资格的； （二）给付金钱或者有价证券的证明文件没有约定逾期给付利息或者违约金、赔偿金，债权人坚持要求给付利息或者违约金、赔偿金的；	

中华人民共和国民事诉讼法	最高人民法院关于适用《中华人民共和国民事诉讼法》的解释	人民检察院民事诉讼监督规则（试行）
债务人应当自收到支付令之日起十五日内清偿债务，或者向人民法院提出书面异议。 　　债务人在前款规定的期间不提出异议又不履行支付令的，债权人可以向人民法院申请执行。 　　**第二百一十七条**　人民法院收到债务人提出的书面异议后，经审查，异议成立的，应当裁定终结督促程序，支付令自行失效。 　　支付令失效的，转入诉讼程序，但申请支付令的一方当事人不同意提起诉讼的除外。	（三）要求给付的金钱或者有价证券属于违法所得的； 　　（四）要求给付的金钱或者有价证券尚未到期或者数额不确定的。 　　人民法院受理支付令申请后，发现不符合本解释规定的受理条件的，应当在受理之日起十五日内裁定驳回申请。 　　**第四百三十一条**　向债务人本人送达支付令，债务人拒绝接收的，人民法院可以留置送达。 　　**第四百四十二条**　债权人向人民法院申请执行支付令的期间，适用民事诉讼法第二百三十九条的规定。 　　**第四百三十二条**　有下列情形之一的，人民法院应当裁定终结督促程序，已发出支付令的，支付令自行失效： 　　（一）人民法院受理支付令申请后，债权人就同一债权债务关系又提起诉讼的； 　　（二）人民法院发出支付令之日起三十日内无法送达债务人的； 　　（三）债务人收到支付令前，债权人撤回申请的。 　　**第四百三十三条**　债务人在收到支付令后，未在法定期间提出书面异议，而向其他人民法院起诉的，不影响支付令的效力。 　　债务人超过法定期间提出异议的，视为未提出异议。	

中华人民共和国民事诉讼法	最高人民法院关于适用《中华人民共和国民事诉讼法》的解释	人民检察院民事诉讼监督规则（试行）
	第四百三十四条 债权人基于同一债权债务关系，在同一支付令申请中向债务人提出多项支付请求，债务人仅就其中一项或者几项请求提出异议的，不影响其他各项请求的效力。 **第四百三十五条** 债权人基于同一债权债务关系，就可分之债向多个债务人提出支付请求，多个债务人中的一人或者几人提出异议的，不影响其他请求的效力。 **第四百三十六条** 对设有担保的债务的主债务人发出的支付令，对担保人没有拘束力。 债权人就担保关系单独提起诉讼的，支付令自人民法院受理案件之日起失效。 **第四百三十七条** 经形式审查，债务人提出的书面异议有下列情形之一的，应当认定异议成立，裁定终结督促程序，支付令自行失效： （一）本解释规定的不予受理申请情形的； （二）本解释规定的裁定驳回申请情形的； （三）本解释规定的应当裁定终结督促程序情形的； （四）人民法院对是否符合发出支付令条件产生合理怀疑的。	

中华人民共和国民事诉讼法	最高人民法院关于适用《中华人民共和国民事诉讼法》的解释	人民检察院民事诉讼监督规则（试行）
	第四百三十八条 债务人对债务本身没有异议，只是提出缺乏清偿能力、延缓债务清偿期限、变更债务清偿方式等异议的，不影响支付令的效力。 人民法院经审查认为异议不成立的，裁定驳回。 债务人的口头异议无效。 **第四百三十九条** 人民法院作出终结督促程序或者驳回异议裁定前，债务人请求撤回异议的，应当裁定准许。 债务人对撤回异议反悔的，人民法院不予支持。 **第四百四十条** 支付令失效后，申请支付令的一方当事人不同意提起诉讼的，应当自收到终结督促程序裁定之日起七日内向受理申请的人民法院提出。 申请支付令的一方当事人不同意提起诉讼的，不影响其向其他有管辖权的人民法院提起诉讼。 **第四百四十一条** 支付令失效后，申请支付令的一方当事人自收到终结督促程序裁定之日起七日内未向受理申请的人民法院表明不同意提起诉讼的，视为向受理申请的人民法院起诉。 债权人提出支付令申请的时间，即为向人民法院起诉的时间。	

中华人民共和国民事诉讼法	最高人民法院关于适用《中华人民共和国民事诉讼法》的解释	人民检察院民事诉讼监督规则（试行）
	第四百四十三条 人民法院院长发现本院已经发生法律效力的支付令确有错误，认为需要撤销的，应当提交本院审判委员会讨论决定后，裁定撤销支付令，驳回债权人的申请。	
第十八章 公示催告程序	**二十、公示催告程序**	
第二百一十八条 按照规定可以背书转让的票据持有人，因票据被盗、遗失或者灭失，可以向票据支付地的基层人民法院申请公示催告。依照法律规定可以申请公示催告的其他事项，适用本章规定。 申请人应当向人民法院递交申请书，写明票面金额、发票人、持票人、背书人等票据主要内容和申请的理由、事实。	**第四百四十四条** 民事诉讼法第二百一十八条规定的票据持有人，是指票据被盗、遗失或者灭失前的最后持有人。	
第二百一十九条 人民法院决定受理申请，应当同时通知支付人停止支付，并在三日内发出公告，催促利害关系人申报权利。公示催告的期间，由人民法院根据情况决定，但不得少于六十日。	**第四百四十五条** 人民法院收到公示催告的申请后，应当立即审查，并决定是否受理。经审查认为符合受理条件的，通知予以受理，并同时通知支付人停止支付；认为不符合受理条件的，七日内裁定驳回申请。 **第四百四十六条** 因票据丧失，申请公示催告的，人民法院应结合票据存根、丧失票据的复印件、出票人关于签发票据的证明、申请人合法取得票据的证明、银行挂失止付通知书、报案证明等证据，决定是否受理。 **第四百四十七条** 人民法院依照民事诉讼法第二百一十九条规定发出的受理申请的公告，应当写明下列内容：	

中华人民共和国民事诉讼法	最高人民法院关于适用《中华人民共和国民事诉讼法》的解释	人民检察院民事诉讼监督规则（试行）
	（一）公示催告申请人的姓名或者名称； （二）票据的种类、号码、票面金额、出票人、背书人、持票人、付款期限等事项以及其他可以申请公示催告的权利凭证的种类、号码、权利范围、权利人、义务人、行权日期等事项； （三）申报权利的期间； （四）在公示催告期间转让票据等权利凭证，利害关系人不申报的法律后果。 **第四百四十八条** 公告应当在有关报纸或者其他媒体上刊登，并于同日公布于人民法院公告栏内。人民法院所在地有证券交易所的，还应当同日在该交易所公布。 **第四百四十九条** 公告期间不得少于六十日，且公示催告期间届满日不得早于票据付款日后十五日。 **第四百五十条** 在申报期届满后、判决作出之前，利害关系人申报权利的，应当适用民事诉讼法第二百二十一条第二款、第三款规定处理。 **第四百五十一条** 利害关系人申报权利，人民法院应当通知其向法院出示票据，并通知公示催告申请人在指定的期间查看该票据。公示催告申请人申请公示催告的票据与利害关系人出示的票据不一致的，应当裁定驳回利害关系人的申报。	

165

中华人民共和国民事诉讼法	最高人民法院关于适用《中华人民共和国民事诉讼法》的解释	人民检察院民事诉讼监督规则（试行）
	第四百五十二条　在申报权利的期间无人申报权利，或者申报被驳回的，申请人应当自公示催告期间届满之日起一个月内申请作出判决。逾期不申请判决的，终结公示催告程序。 裁定终结公示催告程序的，应当通知申请人和支付人。 第四百五十三条　判决公告之日起，公示催告申请人有权依据判决向付款人请求付款。 付款人拒绝付款，申请人向人民法院起诉，符合民事诉讼法第一百一十九条规定的起诉条件的，人民法院应予受理。 第四百五十四条　适用公示催告程序审理案件，可由审判员一人独任审理；判决宣告票据无效的，应当组成合议庭审理。 第四百五十五条　公示催告申请人撤回申请，应在公示催告前提出；公示催告期间申请撤回的，人民法院可以径行裁定终结公示催告程序。	
第二百二十条　支付人收到人民法院停止支付的通知，应当停止支付，至公示催告程序终结。 公示催告期间，转让票据权利的行为无效。	第四百五十六条　人民法院依照民事诉讼法第二百二十条规定通知支付人停止支付，应当符合有关财产保全的规定。支付人收到停止支付通知后拒不止付的，除可依照民事诉讼法第一百一十一条、第一百一十四条规定采取强制措施外，在判决后，支付人仍应承担付款义务。	

中华人民共和国民事诉讼法	最高人民法院关于适用《中华人民共和国民事诉讼法》的解释	人民检察院民事诉讼监督规则（试行）
第二百二十一条 利害关系人应当在公示催告期间向人民法院申报。 人民法院收到利害关系人的申报后，应当裁定终结公示催告程序，并通知申请人和支付人。 申请人或者申报人可以向人民法院起诉。	**第四百五十七条** 人民法院依照民事诉讼法第二百二十一条规定终结公示催告程序后，公示催告申请人或者申报人向人民法院提起诉讼，因票据权利纠纷提起的，由票据支付地或者被告住所地人民法院管辖；因非票据权利纠纷提起的，由被告住所地人民法院管辖。 **第四百五十八条** 依照民事诉讼法第二百二十一条规定制作的终结公示催告程序的裁定书，由审判员、书记员署名，加盖人民法院印章。 **第四百五十九条** 依照民事诉讼法第二百二十三条的规定，利害关系人向人民法院起诉的，人民法院可按票据纠纷适用普通程序审理。	
第二百二十二条 没有人申报的，人民法院应当根据申请人的申请，作出判决，宣告票据无效。判决应当公告，并通知支付人。自判决公告之日起，申请人有权向支付人请求支付。		

中华人民共和国民事诉讼法	最高人民法院关于适用《中华人民共和国民事诉讼法》的解释	人民检察院民事诉讼监督规则（试行）
第二百二十三条　利害关系人因正当理由不能在判决前向人民法院申报的，自知道或者应当知道判决公告之日起一年内，可以向作出判决的人民法院起诉。	**第四百六十条**　民事诉讼法第二百二十三条规定的正当理由，包括： 　　（一）因发生意外事件或者不可抗力致使利害关系人无法知道公告事实的； 　　（二）利害关系人因被限制人身自由而无法知道公告事实，或者虽然知道公告事实，但无法自己或者委托他人代为申报权利的； 　　（三）不属于法定申请公示催告情形的； 　　（四）未予公告或者未按法定方式公告的； 　　（五）其他导致利害关系人在判决作出前未能向人民法院申报权利的客观事由。 　　**第四百六十一条**　根据民事诉讼法第二百二十三条的规定，利害关系人请求人民法院撤销除权判决的，应当将申请人列为被告。 　　利害关系人仅诉请确认其为合法持票人的，人民法院应当在裁判文书中写明，确认利害关系人为票据权利人的判决作出后，除权判决即被撤销。	
第三编　执行程序	**二十一、执行程序**	**第八章　对执行活动的监督**
第十九章　一般规定		
第二百二十四条　发生法律效力的民事判决、裁定，以及刑事判决、裁定中的财产部分，由第一审人民法院或者与第一审人民法院同级的被执行的财产所在地人民法院执行。		**第一百零二条**　人民检察院对人民法院在民事执行活动中违反法律规定的情形实行法律监督。

中华人民共和国民事诉讼法	最高人民法院关于适用《中华人民共和国民事诉讼法》的解释	人民检察院民事诉讼监督规则（试行）
法律规定由人民法院执行的其他法律文书，由被执行人住所地或者被执行的财产所在地人民法院执行。 　　**第二百三十四条**　人民法院制作的调解书的执行，适用本编的规定。 　　**第二百二十五条**　当事人、利害关系人认为执行行为违反法律规定的，可以向负责执行的人民法院提出书面异议。当事人、利害关系人提出书面异议的，人民法院应当自收到书面异议之日起十五日内审查，理由成	**第四百六十二条**　发生法律效力的实现担保物权裁定、确认调解协议裁定、支付令，由作出裁定、支付令的人民法院或者与其同级的被执行财产所在地的人民法院执行。 　　认定财产无主的判决，由作出判决的人民法院将无主财产收归国家或者集体所有。 　　**第四百六十三条**　当事人申请人民法院执行的生效法律文书应当具备下列条件： 　　（一）权利义务主体明确； 　　（二）给付内容明确。 　　法律文书确定继续履行合同的，应当明确继续履行的具体内容。 　　**第四百六十四条**　根据民事诉讼法第二百二十七条规定，案外人对执行标的提出异议的，应当在该执行标的执行程序终结前提出。	**第一百零三条**　人民检察院对民事执行活动提出检察建议的，应当经检察委员会决定，制作《检察建议书》，在决定之日起十五日内将《检察建议书》连同案件卷宗移送同级人民法院，并制作决定提出检察建议的《通知书》，发送当事人。 　　**第一百零四条**　人民检察院认为当事人申请监督的人民法院执行活动不存在违法情形的，应当作出不支持监督申请的决定，并在决定之日起十五日内制作《不支持监督申请决定书》，发送申请人。

中华人民共和国民事诉讼法	最高人民法院关于适用《中华人民共和国民事诉讼法》的解释	人民检察院民事诉讼监督规则（试行）
立的，裁定撤销或者改正；理由不成立的，裁定驳回。当事人、利害关系人对裁定不服的，可以自裁定送达之日起十日内向上一级人民法院申请复议。 **第二百二十六条** 人民法院自收到申请执行书之日起超过六个月未执行的，申请执行人可以向上一级人民法院申请执行。上一级人民法院经审查，可以责令原人民法院在一定期限内执行，也可以决定由本院执行或者指令其他人民法院执行。 **第二百二十七条** 执行过程中，案外人对执行标的提出书面异议的，人民法院应当自收到书面异议之日起十五日内审查，理由成立的，裁定中止对该标的的执行；理由不成立的，裁定驳回。案外人、当事人对裁定不服，认为原判决、裁定错误的，依照审判监督程序办理；与原判决、裁定无关的，可以自裁定送达之日起十五日内向人民法院提起诉讼。 **第二百二十八条** 执行工作由执行员进行。 采取强制执行措施时，执行员应当出示证件。执行完毕后，应当将执行情况制作笔录，由在场的有关人员签名或者盖章。 人民法院根据需要可以设立执行机构。	**第四百六十五条** 案外人对执行标的提出的异议，经审查，按照下列情形分别处理： （一）案外人对执行标的不享有足以排除强制执行的权益的，裁定驳回其异议； （二）案外人对执行标的享有足以排除强制执行的权益的，裁定中止执行。 驳回案外人执行异议裁定送达案外人之日起十五日内，人民法院不得对执行标的进行处分。	

中华人民共和国民事诉讼法	最高人民法院关于适用《中华人民共和国民事诉讼法》的解释	人民检察院民事诉讼监督规则（试行）
第二百二十九条 被执行人或者被执行的财产在外地的，可以委托当地人民法院代为执行。受委托人民法院收到委托函件后，必须在十五日内开始执行，不得拒绝。执行完毕后，应当将执行结果及时函复委托人民法院；在三十日内如果还未执行完毕，也应当将执行情况函告委托人民法院。 受委托人民法院自收到委托函件之日起十五日内不执行的，委托人民法院可以请求受委托人民法院的上级人民法院指令受委托人民法院执行。 **第二百三十条** 在执行中，双方当事人自行和解达成协议的，执行员应当将协议内容记入笔录，由双方当事人签名或者盖章。 申请执行人因受欺诈、胁迫与被执行人达成和解协议，或者当事人不履行和解协议的，人民法院可以根据当事人的申请，恢复对原生效法律文书的执行。	**第四百六十六条** 申请执行人与被执行人达成和解协议后请求中止执行或者撤回执行申请的，人民法院可以裁定中止执行或者终结执行。 **第四百六十七条** 一方当事人不履行或者不完全履行在执行中双方自愿达成的和解协议，对方当事人申请执行原生效法律文书的，人民法院应当恢复执行，但和解协议已履行的部分应当扣除。和解协议已经履行完毕的，人民法院不予恢复执行。 **第四百六十八条** 申请恢复执行原生效法律文书，适用民事诉讼法第二百三十九条申请执行期间的规定。申请执行期间因达成执行中的和解协议而中断，其期间自和解协议约定履行期限的最后一日起重新计算。	

中华人民共和国民事诉讼法	最高人民法院关于适用《中华人民共和国民事诉讼法》的解释	人民检察院民事诉讼监督规则（试行）
第二百三十一条 在执行中，被执行人向人民法院提供担保，并经申请执行人同意的，人民法院可以决定暂缓执行及暂缓执行的期限。被执行人逾期仍不履行的，人民法院有权执行被执行人的担保财产或者担保人的财产。	**第四百六十九条** 人民法院依照民事诉讼法第二百三十一条规定决定暂缓执行的，如果担保是有期限的，暂缓执行的期限应当与担保期限一致，但最长不得超过一年。被执行人或者担保人对担保的财产在暂缓执行期间有转移、隐藏、变卖、毁损等行为的，人民法院可以恢复强制执行。 **第四百七十条** 根据民事诉讼法第二百三十一条规定向人民法院提供执行担保的，可以由被执行人或者他人提供财产担保，也可以由他人提供保证。担保人应当具有代为履行或者代为承担赔偿责任的能力。 他人提供执行保证的，应当向执行法院出具保证书，并将保证书副本送交申请执行人。被执行人或者他人提供财产担保的，应当参照物权法、担保法的有关规定办理相应手续。 **第四百七十一条** 被执行人在人民法院决定暂缓执行的期限届满后仍不履行义务的，人民法院可以直接执行担保财产，或者裁定执行担保人的财产，但执行担保人的财产以担保人应当履行义务部分的财产为限。	
第二百三十二条 作为被执行人的公民死亡的，以其遗产偿还债务。作为被执行人的法人或者其他组织终止的，由其权利义务承受人履行义务。	**第四百七十二条** 依照民事诉讼法第二百三十二条规定，执行中作为被执行人的法人或者其他组织分立、合并的，人民法院可以裁定变更后的法人或者其他组织为被执行人；被注销的，如果依照有关实体法的规定有权利义务承受人的，可以裁定该权利义务承受人为被执行人。	

中华人民共和国民事诉讼法	最高人民法院关于适用《中华人民共和国民事诉讼法》的解释	人民检察院民事诉讼监督规则（试行）
	第四百七十三条 其他组织在执行中不能履行法律文书确定的义务的，人民法院可以裁定执行对该其他组织依法承担义务的法人或者公民个人的财产。 **第四百七十四条** 在执行中，作为被执行人的法人或者其他组织名称变更的，人民法院可以裁定变更后的法人或者其他组织为被执行人。 **第四百七十五条** 作为被执行人的公民死亡，其遗产继承人没有放弃继承的，人民法院可以裁定变更被执行人，由该继承人在遗产的范围内偿还债务。继承人放弃继承的，人民法院可以直接执行被执行人的遗产。 **第四百七十六条** 法律规定由人民法院执行的其他法律文书执行完毕后，该法律文书被有关机关或者组织依法撤销的，经当事人申请，适用民事诉讼法第二百三十三条规定。	
第二百三十三条 执行完毕后，据以执行的判决、裁定和其他法律文书确有错误，被人民法院撤销的，对已被执行的财产，人民法院应当作出裁定，责令取得财产的人返还；拒不返还的，强制执行。 **第二百三十五条** 人民检察院有权对民事执行活动实行法律监督。		
第二十章　执行的申请和移送		
第二百三十六条 发生法律效力的民事判决、裁定，当事人必须履行。一方拒绝履行的，对方当事人可以向人民法院申请执行，也可以由审判员移送执行员执行。		

中华人民共和国民事诉讼法	最高人民法院关于适用《中华人民共和国民事诉讼法》的解释	人民检察院民事诉讼监督规则（试行）
调解书和其他应当由人民法院执行的法律文书，当事人必须履行。一方拒绝履行的，对方当事人可以向人民法院申请执行。 **第二百三十七条** 对依法设立的仲裁机构的裁决，一方当事人不履行的，对方当事人可以向有管辖权的人民法院申请执行。受申请的人民法院应当执行。 被申请人提出证据证明仲裁裁决有下列情形之一的，经人民法院组成合议庭审查核实，裁定不予执行： （一）当事人在合同中没有订有仲裁条款或者事后没有达成书面仲裁协议的； （二）裁决的事项不属于仲裁协议的范围或者仲裁机构无权仲裁的； （三）仲裁庭的组成或者仲裁的程序违反法定程序的； （四）裁决所根据的证据是伪造的； （五）对方当事人向仲裁机构隐瞒了足以影响公正裁决的证据的； （六）仲裁员在仲裁该案时有贪污受贿，徇私舞弊，枉法裁决行为的。 人民法院认定执行该裁决违背社会公共利益的，裁定不予执行。 裁定书应当送达双方当事人和仲裁机构。	**第四百七十七条** 仲裁机构裁决的事项，部分有民事诉讼法第二百三十七条第二款、第三款规定情形的，人民法院应当裁定对该部分不予执行。 应当不予执行部分与其他部分不可分的，人民法院应当裁定不予执行仲裁裁决。	

中华人民共和国民事诉讼法	最高人民法院关于适用《中华人民共和国民事诉讼法》的解释	人民检察院民事诉讼监督规则（试行）
仲裁裁决被人民法院裁定不予执行的，当事人可以根据双方达成的书面仲裁协议重新申请仲裁，也可以向人民法院起诉。 **第二百三十八条** 对公证机关依法赋予强制执行效力的债权文书，一方当事人不履行的，对方当事人可以向有管辖权的人民法院申请执行，受申请的人民法院应当执行。 公证债权文书确有错误的，人民法院裁定不予执行，并将裁定书送达双方当事人和公证机关。	**第四百七十八条** 依照民事诉讼法第二百三十七条第二款、第三款规定，人民法院裁定不予执行仲裁裁决后，当事人对该裁定提出执行异议或者复议的，人民法院不予受理。当事人可以就该民事纠纷重新达成书面仲裁协议申请仲裁，也可以向人民法院起诉。 **第四百七十九条** 在执行中，被执行人通过仲裁程序将人民法院查封、扣押、冻结的财产确权或者分割给案外人的，不影响人民法院执行程序的进行。 案外人不服的，可以根据民事诉讼法第二百二十七条规定提出异议。 **第四百八十条** 有下列情形之一的，可以认定为民事诉讼法第二百三十八条第二款规定的公证债权文书确有错误： （一）公证债权文书属于不得赋予强制执行效力的债权文书的； （二）被执行人一方未亲自或者未委托代理人到场公证等严重违反法律规定的公证程序的； （三）公证债权文书的内容与事实不符或者违反法律强制性规定的； （四）公证债权文书未载明被执行人不履行义务或者不完全履行义务时同意接受强制执行的。	

中华人民共和国民事诉讼法	最高人民法院关于适用《中华人民共和国民事诉讼法》的解释	人民检察院民事诉讼监督规则（试行）
	人民法院认定执行该公证债权文书违背社会公共利益的，裁定不予执行。 公证债权文书被裁定不予执行后，当事人、公证事项的利害关系人可以就债权争议提起诉讼。 **第四百八十一条** 当事人请求不予执行仲裁裁决或者公证债权文书的，应当在执行终结前向执行法院提出。	
第二百三十九条 申请执行的期间为二年。申请执行时效的中止、中断，适用法律有关诉讼时效中止、中断的规定。 前款规定的期间，从法律文书规定履行期间的最后一日起计算；法律文书规定分期履行的，从规定的每次履行期间的最后一日起计算；法律文书未规定履行期间的，从法律文书生效之日起计算。 **第二百四十条** 执行员接到申请执行书或者移交执行书，应当向被执行人发出执行通知，并可以立即采取强制执行措施。	**第四百八十二条** 人民法院应当在收到申请执行书或者移交执行书后十日内发出执行通知。 执行通知中除应责令被执行人履行法律文书确定的义务外，还应通知其承担民事诉讼法第二百五十三条规定的迟延履行利息或者迟延履行金。 **第四百八十三条** 申请执行人超过申请执行时效期间向人民法院申请强制执行的，人民法院应予受理。被执行人对申请执行时效期间提出异议，人民法院经审查异议成立的，裁定不予执行。	

中华人民共和国民事诉讼法	最高人民法院关于适用《中华人民共和国民事诉讼法》的解释	人民检察院民事诉讼监督规则（试行）
	被执行人履行全部或者部分义务后，又以不知道申请执行时效期间届满为由请求执行回转的，人民法院不予支持。	
第二十一章 执行措施		
第二百四十一条 被执行人未按执行通知履行法律文书确定的义务，应当报告当前以及收到执行通知之日前一年的财产情况。被执行人拒绝报告或者虚假报告的，人民法院可以根据情节轻重对被执行人或者其法定代理人、有关单位的主要负责人或者直接责任人员予以罚款、拘留。 **第二百四十二条** 被执行人未按执行通知履行法律文书确定的义务，人民法院有权向有关单位查询被执行人的存款、债券、股票、基金份额等财产情况。人民法院有权根据不同情形扣押、冻结、划拨、变价被执行人的财产。人民法院查询、扣押、冻结、划拨、变价的财产不得超出被执行人应当履行义务的范围。 人民法院决定扣押、冻结、划拨、变价财产，应当作出裁定，并发出协助执行通知书，有关单位必须办理。 **第二百四十三条** 被执行人未按执行通知履行法律文书确定的义务，人民法院有权扣留、提取被执行人应当履行义务部分的收入。但应当保留被执行人及其所扶养家属的生活必需费用。	**第四百八十四条** 对必须接受调查询问的被执行人、被执行人的法定代表人、负责人或者实际控制人，经依法传唤无正当理由拒不到场的，人民法院可以拘传其到场。 人民法院应当及时对被拘传人进行调查询问，调查询问的时间不得超过八小时；情况复杂，依法可能采取拘留措施的，调查询问的时间不得超过二十四小时。 人民法院在本辖区以外采取拘传措施时，可以将被拘传人拘传到当地人民法院，当地人民法院应予协助。 **第四百八十五条** 人民法院有权查询被执行人的身份信息与财产信息，掌握相关信息的单位和个人必须按照协助执行通知书办理。	

中华人民共和国民事诉讼法	最高人民法院关于适用《中华人民共和国民事诉讼法》的解释	人民检察院民事诉讼监督规则（试行）
人民法院扣留、提取收入时，应当作出裁定，并发出协助执行通知书，被执行人所在单位、银行、信用合作社和其他有储蓄业务的单位必须办理。 **第二百四十四条** 被执行人未按执行通知履行法律文书确定的义务，人民法院有权查封、扣押、冻结、拍卖、变卖被执行人应当履行义务部分的财产。但应当保留被执行人及其所扶养家属的生活必需品。 采取前款措施，人民法院应当作出裁定。 **第二百四十五条** 人民法院查封、扣押财产时，被执行人是公民的，应当通知被执行人或者他的成年家属到场；被执行人是法人或者其他组织的，应当通知其法定代表人或者主要负责人到场。拒不到场的，不影响执行。被执行人是公民的，其工作单位或者财产所在地的基层组织应当派人参加。 对被查封、扣押的财产，执行员必须造具清单，由在场人签名或者盖章后，交被执行人一份。被执行人是公民的，也可以交他的成年家属一份。 **第二百四十六条** 被查封的财产，执行员可以指定被执行人负责保管。因被执行人的过错造成的损失，由被执行人承担。 **第二百四十七条** 财产被查封、扣押后，执行员应当责令被执行人在指定期间履行法律文书确定的义务。被执行人逾期不履行的，人民法院应当拍卖被查封、扣押的财产；不	**第四百八十六条** 对被执行的财产，人民法院非经查封、扣押、冻结不得处分。对银行存款等各类可以直接扣划的财产，人民法院的扣划裁定同时具有冻结的法律效力。 **第四百八十七条** 人民法院冻结被执行人的银行存款的期限不得超过一年，查封、扣押动产的期限不得超过两年，查封不动产、冻结其他财产权的期限不得超过三年。 申请执行人申请延长期限的，人民法院应当在查封、扣押、冻结期限届满前办理续行查封、扣押、冻结手续，续行期限不得超过前款规定的期限。 人民法院也可以依职权办理续行查封、扣押、冻结手续。 **第四百八十八条** 依照民事诉讼法第二百四十七条规定，人民法院在执行中需要拍卖被执行人财产的，可以由人民法院自行组织拍卖，也可以交由具备相应资质的拍卖机构拍卖。 交拍卖机构拍卖的，人民法院应当对拍卖活动进行监督。 **第四百八十九条** 拍卖评估需要对现场进行检查、勘验的，人民法院应当责令被执行人、协助义务人予以配合。被执行人、协助义务人不予配合的，人民法院可以强制进行。	

中华人民共和国民事诉讼法	最高人民法院关于适用《中华人民共和国民事诉讼法》的解释	人民检察院民事诉讼监督规则（试行）
适于拍卖或者当事人双方同意不进行拍卖的，人民法院可以委托有关单位变卖或者自行变卖。国家禁止自由买卖的物品，交有关单位按照国家规定的价格收购。 **第二百四十八条** 被执行人不履行法律文书确定的义务，并隐匿财产的，人民法院有权发出搜查令，对被执行人及其住所或者财产隐匿地进行搜查。 采取前款措施，由院长签发搜查令。 **第二百四十九条** 法律文书指定交付的财物或者票证，由执行员传唤双方当事人当面交付，或者由执行员转交，并由被交付人签收。 有关单位持有该项财物或者票证的，应当根据人民法院的协助执行通知书转交，并由被交付人签收。 有关公民持有该项财物或者票证的，人民法院通知其交出。拒不交出的，强制执行。 **第二百五十条** 强制迁出房屋或者强制退出土地，由院长签发公告，责令被执行人在指定期间履行。被执行人逾期不履行的，由执行员强制执行。 强制执行时，被执行人是公民的，应当通知被执行人或者他的成年家属到场；被执行人是法人或者其他组织的，应当通知其法定代表人或者主要负责人到场。拒不到场的，不影响执行。被执行人是公民的，其工作单位或者房屋、土地所在地的基层组织应当派人参加。执行员应当将强制执行情况记入笔录，由在场人签名或者盖章。	**第四百九十条** 人民法院在执行中需要变卖被执行人财产的，可以交有关单位变卖，也可以由人民法院直接变卖。 对变卖的财产，人民法院或者其工作人员不得买受。 **第四百九十一条** 经申请执行人和被执行人同意，且不损害其他债权人合法权益和社会公共利益的，人民法院可以不经拍卖、变卖，直接将被执行人的财产作价交申请执行人抵偿债务。对剩余债务，被执行人应当继续清偿。 **第四百九十二条** 被执行人的财产无法拍卖或者变卖的，经申请执行人同意，且不损害其他债权人合法权益和社会公共利益的，人民法院可以将该项财产作价后交付申请执行人抵偿债务，或者交付申请执行人管理；申请执行人拒绝接收或者管理的，退回被执行人。 **第四百九十三条** 拍卖成交或者依法定程序裁定以物抵债的，标的物所有权自拍卖成交裁定或者抵债裁定送达买受人或者接受抵债物的债权人时转移。 **第四百九十四条** 执行标的物为特定物的，应当执行原物。原物确已毁损或者灭失的，经双方当事人同意，可以折价赔偿。 双方当事人对折价赔偿不能协商一致的，人民法院应当终结执行程序。申请执行人可以另行起诉。	

中华人民共和国民事诉讼法	最高人民法院关于适用《中华人民共和国民事诉讼法》的解释	人民检察院民事诉讼监督规则（试行）
强制迁出房屋被搬出的财物，由人民法院派人运至指定处所，交给被执行人。被执行人是公民的，也可以交给他的成年家属。因拒绝接收而造成的损失，由被执行人承担。 　　**第二百五十一条**　在执行中，需要办理有关财产权证照转移手续的，人民法院可以向有关单位发出协助执行通知书，有关单位必须办理。 　　**第二百五十二条**　对判决、裁定和其他法律文书指定的行为，被执行人未按执行通知履行的，人民法院可以强制执行或者委托有关单位或者其他人完成，费用由被执行人承担。 　　**第二百五十三条**　被执行人未按判决、裁定和其他法律文书指定的期间履行给付金钱义务的，应当加倍支付迟延履行期间的债务利息。被执行人未按判决、裁定和其他法律文书指定的期间履行其他义务的，应当支付迟延履行金。 　　**第二百五十四条**　人民法院采取本法第二百四十二条、第二百四十三条、第二百四十四条规定的执行措施后，被执行人仍不能偿还债务的，应当继续履行义务。债权人发现被执行人有其他财产的，可以随时请求人民法院执行。	**第四百九十五条**　他人持有法律文书指定交付的财物或者票证，人民法院依照民事诉讼法第二百四十九条第二款、第三款规定发出协助执行通知后，拒不转交的，可以强制执行，并可依照民事诉讼法第一百一十四条、第一百一十五条规定处理。 　　他人持有期间财物或者票证毁损、灭失的，参照本解释第四百九十四条规定处理。 　　他人主张合法持有财物或者票证的，可以根据民事诉讼法第二百二十七条规定提出执行异议。 　　**第四百九十六条**　在执行中，被执行人隐匿财产、会计账簿等资料的，人民法院除可依照民事诉讼法第一百一十一条第一款第六项规定对其处理外，还应责令被执行人交出隐匿的财产、会计账簿等资料。被执行人拒不交出的，人民法院可以采取搜查措施。 　　**第四百九十七条**　搜查人员应当按规定着装并出示搜查令和工作证件。 　　**第四百九十八条**　人民法院搜查时禁止无关人员进入搜查现场；搜查对象是公民的，应当通知被执行人或者他的成年家属以及基层组织派员到场；搜查对象是法人或者其他组织的，应当通知法定代表人或者主要负责人到场。拒不到场的，不影响搜查。 　　搜查妇女身体，应当由女执行人员进行。	

中华人民共和国民事诉讼法	最高人民法院关于适用《中华人民共和国民事诉讼法》的解释	人民检察院民事诉讼监督规则（试行）
第二百五十五条 被执行人不履行法律文书确定的义务的，人民法院可以对其采取或者通知有关单位协助采取限制出境，在征信系统记录、通过媒体公布不履行义务信息以及法律规定的其他措施。	**第四百九十九条** 搜查中发现应当依法采取查封、扣押措施的财产，依照民事诉讼法第二百四十五条第二款和第二百四十七条规定办理。 **第五百条** 搜查应当制作搜查笔录，由搜查人员、被搜查人及其他在场人签名、捺印或者盖章。拒绝签名、捺印或者盖章的，应当记入搜查笔录。 **第五百零一条** 人民法院执行被执行人对他人的到期债权，可以作出冻结债权的裁定，并通知该他人向申请执行人履行。 该他人对到期债权有异议，申请执行人请求对异议部分强制执行的，人民法院不予支持。利害关系人对到期债权有异议的，人民法院应当按照民事诉讼法第二百二十七条规定处理。 对生效法律文书确定的到期债权，该他人予以否认的，人民法院不予支持。 **第五百零二条** 人民法院在执行中需要办理房产证、土地证、林权证、专利证书、商标证书、车船执照等有关财产权证照转移手续的，可以依照民事诉讼法第二百五十一条规定办理。 **第五百零三条** 被执行人不履行生效法律文书确定的行为义务，该义务可由他人完成的，人民法院可以选定代履行人；法律、行政法规对履行该行为义务有资格限制的，应当从有资格的人中选定。必要时，可以通过招标的方式确定代履行人。	

中华人民共和国民事诉讼法	最高人民法院关于适用《中华人民共和国民事诉讼法》的解释	人民检察院民事诉讼监督规则（试行）
	申请执行人可以在符合条件的人中推荐代履行人，也可以申请自己代为履行，是否准许，由人民法院决定。 **第五百零四条** 代履行费用的数额由人民法院根据案件具体情况确定，并由被执行人在指定期限内预先支付。被执行人未预付的，人民法院可以对该费用强制执行。 代履行结束后，被执行人可以查阅、复制费用清单以及主要凭证。 **第五百零五条** 被执行人不履行法律文书指定的行为，且该项行为只能由被执行人完成的，人民法院可以依照民事诉讼法第一百一十一条第一款第六项规定处理。 被执行人在人民法院确定的履行期间内仍不履行的，人民法院可以依照民事诉讼法第一百一十一条第一款第六项规定再次处理。 **第五百零六条** 被执行人迟延履行的，迟延履行期间的利息或者迟延履行金自判决、裁定和其他法律文书指定的履行期间届满之日起计算。 **第五百零七条** 被执行人未按判决、裁定和其他法律文书指定的期间履行非金钱给付义务的，无论是否已给申请执行人造成损失，都应当支付迟延履行金。已经造成损失的，双倍补偿申请执行人已经受到的损失；没有造成损失的，迟延履行金可以由人民法院根据具体案件情况决定。	

中华人民共和国民事诉讼法	最高人民法院关于适用《中华人民共和国民事诉讼法》的解释	人民检察院民事诉讼监督规则（试行）
	第五百零八条 被执行人为公民或者其他组织，在执行程序开始后，被执行人的其他已经取得执行依据的债权人发现被执行人的财产不能清偿所有债权的，可以向人民法院申请参与分配。 　　对人民法院查封、扣押、冻结的财产有优先权、担保物权的债权人，可以直接申请参与分配，主张优先受偿权。 　　**第五百零九条** 申请参与分配，申请人应当提交申请书。申请书应当写明参与分配和被执行人不能清偿所有债权的事实、理由，并附有执行依据。 　　参与分配申请应当在执行程序开始后，被执行人的财产执行终结前提出。 　　**第五百一十条** 参与分配执行中，执行所得价款扣除执行费用，并清偿应当优先受偿的债权后，对于普通债权，原则上按照其占全部申请参与分配债权数额的比例受偿。清偿后的剩余债务，被执行人应当继续清偿。债权人发现被执行人有其他财产的，可以随时请求人民法院执行。 　　**第五百一十一条** 多个债权人对执行财产申请参与分配的，执行法院应当制作财产分配方案，并送达各债权人和被执行人。债权人或者被执行人对分配方案有异议的，应当自收到分配方案之日起十五日内向执行法院提出书面异议。	

中华人民共和国民事诉讼法	最高人民法院关于适用《中华人民共和国民事诉讼法》的解释	人民检察院民事诉讼监督规则（试行）
	第五百一十二条 债权人或者被执行人对分配方案提出书面异议的，执行法院应当通知未提出异议的债权人、被执行人。 　　未提出异议的债权人、被执行人自收到通知之日起十五日内未提出反对意见的，执行法院依异议人的意见对分配方案审查修正后进行分配；提出反对意见的，应当通知异议人。异议人可以自收到通知之日起十五日内，以提出反对意见的债权人、被执行人为被告，向执行法院提起诉讼；异议人逾期未提起诉讼的，执行法院按照原分配方案进行分配。 　　诉讼期间进行分配的，执行法院应当提存与争议债权数额相应的款项。	
第二十二章　执行中止和终结		
第二百五十六条 有下列情形之一的，人民法院应当裁定中止执行： 　　（一）申请人表示可以延期执行的； 　　（二）案外人对执行标的提出确有理由的异议的； 　　（三）作为一方当事人的公民死亡，需要等待继承人继承权利或者承担义务的； 　　（四）作为一方当事人的法人或者其他组织终止，尚未确定权利义务承受人的； 　　（五）人民法院认为应当中止执行的其他情形。 　　中止的情形消失后，恢复执行。		

184

中华人民共和国民事诉讼法	最高人民法院关于适用《中华人民共和国民事诉讼法》的解释	人民检察院民事诉讼监督规则（试行）
	第五百一十三条 在执行中，作为被执行人的企业法人符合企业破产法第二条第一款规定情形的，执行法院经申请执行人之一或者被执行人同意，应当裁定中止对该被执行人的执行，将执行案件相关材料移送被执行人住所地人民法院。 **第五百一十四条** 被执行人住所地人民法院应当自收到执行案件相关材料之日起三十日内，将是否受理破产案件的裁定告知执行法院。不予受理的，应当将相关案件材料退回执行法院。 **第五百一十五条** 被执行人住所地人民法院裁定受理破产案件的，执行法院应当解除对被执行人财产的保全措施。被执行人住所地人民法院裁定宣告被执行人破产的，执行法院应当裁定终结对该被执行人的执行。 被执行人住所地人民法院不受理破产案件的，执行法院应当恢复执行。 **第五百一十六条** 当事人不同意移送破产或者被执行人住所地人民法院不受理破产案件的，执行法院就执行变价所得财产，在扣除执行费用及清偿优先受偿的债权后，对于普通债权，按照财产保全和执行中查封、扣押、冻结财产的先后顺序清偿。 **第五百一十七条** 债权人根据民事诉讼法第二百五十四条规定请求人民法院继续执行的，不受民事诉讼法第二百三十九条规定申请执行时效期间的限制。	

中华人民共和国民事诉讼法	最高人民法院关于适用《中华人民共和国民事诉讼法》的解释	人民检察院民事诉讼监督规则（试行）
第二百五十七条　有下列情形之一的，人民法院裁定终结执行： 　　（一）申请人撤销申请的； 　　（二）据以执行的法律文书被撤销的； 　　（三）作为被执行人的公民死亡，无遗产可供执行，又无义务承担人的； 　　（四）追索赡养费、扶养费、抚育费案件的权利人死亡的； 　　（五）作为被执行人的公民因生活困难无力偿还借款，无收入来源，又丧失劳动能力的； 　　（六）人民法院认为应当终结执行的其他情形。 　　第二百五十八条　中止和终结执行的裁定，送达当事人后立即生效。	第五百一十八条　被执行人不履行法律文书确定的义务的，人民法院除对被执行人予以处罚外，还可以根据情节将其纳入失信被执行人名单，将被执行人不履行或者不完全履行义务的信息向其所在单位、征信机构以及其他相关机构通报。 　　第五百一十九条　经过财产调查未发现可供执行的财产，在申请执行人签字确认或者执行法院组成合议庭审查核实并经院长批准后，可以裁定终结本次执行程序。 　　依照前款规定终结执行后，申请执行人发现被执行人有可供执行财产的，可以再次申请执行。再次申请不受申请执行时效期间的限制。 　　第五百二十条　因撤销申请而终结执行后，当事人在民事诉讼法第二百三十九条规定的申请执行时效期间内再次申请执行的，人民法院应当受理。	

中华人民共和国民事诉讼法	最高人民法院关于适用《中华人民共和国民事诉讼法》的解释	人民检察院民事诉讼监督规则（试行）
	第五百二十一条 在执行终结六个月内，被执行人或者其他人对已执行的标的有妨害行为的，人民法院可以依申请排除妨害，并可以依照民事诉讼法第一百一十一条规定进行处罚。因妨害行为给执行债权人或者其他人造成损失的，受害人可以另行起诉。	
第四编　涉外民事诉讼程序的特别规定	**二十二、涉外民事诉讼程序的特别规定**	
第二十三章　一般原则		
第二百五十九条　在中华人民共和国领域内进行涉外民事诉讼，适用本编规定。本编没有规定的，适用本法其他有关规定。 **第二百六十条**　中华人民共和国缔结或者参加的国际条约同本法有不同规定的，适用该国际条约的规定，但中华人民共和国声明保留的条款除外。	**第五百二十二条**　有下列情形之一，人民法院可以认定为涉外民事案件： （一）当事人一方或者双方是外国人、无国籍人、外国企业或者组织的； （二）当事人一方或者双方的经常居所地在中华人民共和国领域外的； （三）标的物在中华人民共和国领域外的； （四）产生、变更或者消灭民事关系的法律事实发生在中华人民共和国领域外的； （五）可以认定为涉外民事案件的其他情形。	

中华人民共和国民事诉讼法	最高人民法院关于适用《中华人民共和国民事诉讼法》的解释	人民检察院民事诉讼监督规则（试行）
第二百六十一条　对享有外交特权与豁免的外国人、外国组织或者国际组织提起的民事诉讼，应当依照中华人民共和国有关法律和中华人民共和国缔结或者参加的国际条约的规定办理。	**第五百二十三条**　外国人参加诉讼，应当向人民法院提交护照等用以证明自己身份的证件。 　　外国企业或者组织参加诉讼，向人民法院提交的身份证明文件，应当经所在国公证机关公证，并经中华人民共和国驻该国使领馆认证，或者履行中华人民共和国与该所在国订立的有关条约中规定的证明手续。 　　代表外国企业或者组织参加诉讼的人，应当向人民法院提交其有权作为代表人参加诉讼的证明，该证明应当经所在国公证机关公证，并经中华人民共和国驻该国使领馆认证，或者履行中华人民共和国与该所在国订立的有关条约中规定的证明手续。 　　本条所称的"所在国"，是指外国企业或者组织的设立登记地国，也可以是办理了营业登记手续的第三国。 　　**第五百二十四条**　依照民事诉讼法第二百六十四条以及本解释第五百二十三条规定，需要办理公证、认证手续，而外国当事人所在国与中华人民共和国没有建立外交关系的，可以经该国公证机关公证，经与中华人民共和国有外交关系的第三国驻该国使领馆认证，再转由中华人民共和国驻该第三国使领馆认证。	

中华人民共和国民事诉讼法	最高人民法院关于适用《中华人民共和国民事诉讼法》的解释	人民检察院民事诉讼监督规则（试行）
第二百六十二条　人民法院审理涉外民事案件，应当使用中华人民共和国通用的语言、文字。当事人要求提供翻译的，可以提供，费用由当事人承担。 　　**第二百六十三条**　外国人、无国籍人、外国企业和组织在人民法院起诉、应诉，需要委托律师代理诉讼的，必须委托中华人民共和国的律师。 　　**第二百六十四条**　在中华人民共和国领域内没有住所的外国人、无国籍人、外国企业和组织委托中华人民共和国律师或者其他人代理诉讼，从中华人民共和国领域外寄交或者托交的授权委托书，应当经所在国公证机关证明，并经中华人民共和国驻该国使领馆认证，或者履行中华人民共和国与该所在国订立的有关条约中规定的证明手续后，才具有效力。	**第五百二十五条**　外国人、外国企业或者组织的代表人在人民法院法官的见证下签署授权委托书，委托代理人进行民事诉讼的，人民法院应予认可。 　　**第五百二十六条**　外国人、外国企业或者组织的代表人在中华人民共和国境内签署授权委托书，委托代理人进行民事诉讼，经中华人民共和国公证机构公证的，人民法院应予认可。 　　**第五百二十八条**　涉外民事诉讼中的外籍当事人，可以委托本国人为诉讼代理人，也可以委托本国律师以非律师身份担任诉讼代理人；外国驻华使领馆官员，受本国公民的委托，可以个人名义担任诉讼代理人，但在诉讼中不享有外交或者领事特权和豁免。 　　**第五百二十九条**　涉外民事诉讼中，外国驻华使领馆授权其本馆官员，在作为当事人的本国国民不在中华人民共和国领域内的情况下，可以以外交代表身份为其本国国民在中华人民共和国聘请中华人民共和国律师或者中华人民共和国公民代理民事诉讼。 　　**第五百二十七条**　当事人向人民法院提交的书面材料是外文的，应当同时向人民法院提交中文翻译件。	

中华人民共和国民事诉讼法	最高人民法院关于适用《中华人民共和国民事诉讼法》的解释	人民检察院民事诉讼监督规则（试行）
	当事人对中文翻译件有异议的，应当共同委托翻译机构提供翻译文本；当事人对翻译机构的选择不能达成一致的，由人民法院确定。 **第五百三十条** 涉外民事诉讼中，经调解双方达成协议，应当制发调解书。当事人要求发给判决书的，可以依协议的内容制作判决书送达当事人。	
第二十四章　管辖		
第二百六十五条 因合同纠纷或者其他财产权益纠纷，对在中华人民共和国领域内没有住所的被告提起的诉讼，如果合同在中华人民共和国领域内签订或者履行，或者诉讼标的物在中华人民共和国领域内，或者被告在中华人民共和国领域内有可供扣押的财产，或者被告在中华人民共和国领域内设有代表机构，可以由合同签订地、合同履行地、诉讼标的物所在地、可供扣押财产所在地、侵权行为地或者代表机构住所地人民法院管辖。 **第二百六十六条** 因在中华人民共和国履行中外合资经营企业合同、中外合作经营企业合同、中外合作勘探开发自然资源合同发生纠纷提起的诉讼，由中华人民共和国人民法院管辖。	**第五百三十一条** 涉外合同或者其他财产权益纠纷的当事人，可以书面协议选择被告住所地、合同履行地、合同签订地、原告住所地、标的物所在地、侵权行为地等与争议有实际联系地点的外国法院管辖。 根据民事诉讼法第三十三条和第二百六十六条规定，属于中华人民共和国法院专属管辖的案件，当事人不得协议选择外国法院管辖，但协议选择仲裁的除外。 **第五百三十二条** 涉外民事案件同时符合下列情形的，人民法院可以裁定驳回原告的起诉，告知其向更方便的外国法院提起诉讼：	

中华人民共和国民事诉讼法	最高人民法院关于适用《中华人民共和国民事诉讼法》的解释	人民检察院民事诉讼监督规则（试行）
	（一）被告提出案件应由更方便外国法院管辖的请求，或者提出管辖异议； （二）当事人之间不存在选择中华人民共和国法院管辖的协议； （三）案件不属于中华人民共和国法院专属管辖； （四）案件不涉及中华人民共和国国家、公民、法人或者其他组织的利益； （五）案件争议的主要事实不是发生在中华人民共和国境内，且案件不适用中华人民共和国法律，人民法院审理案件在认定事实和适用法律方面存在重大困难； （六）外国法院对案件享有管辖权，且审理该案件更加方便。 **第五百三十三条** 中华人民共和国法院和外国法院都有管辖权的案件，一方当事人向外国法院起诉，而另一方当事人向中华人民共和国法院起诉的，人民法院可予受理。判决后，外国法院申请或者当事人请求人民法院承认和执行外国法院对本案作出的判决、裁定的，不予准许；但双方共同缔结或者参加的国际条约另有规定的除外。 外国法院判决、裁定已经被人民法院承认，当事人就同一争议向人民法院起诉的，人民法院不予受理。	

中华人民共和国民事诉讼法	最高人民法院关于适用《中华人民共和国民事诉讼法》的解释	人民检察院民事诉讼监督规则（试行）
第二十五章　送达、期间		
第二百六十七条　人民法院对在中华人民共和国领域内没有住所的当事人送达诉讼文书，可以采用下列方式： 　　（一）依照受送达人所在国与中华人民共和国缔结或者共同参加的国际条约中规定的方式送达； 　　（二）通过外交途径送达； 　　（三）对具有中华人民共和国国籍的受送达人，可以委托中华人民共和国驻受送达人所在国的使领馆代为送达； 　　（四）向受送达人委托的有权代其接受送达的诉讼代理人送达； 　　（五）向受送达人在中华人民共和国领域内设立的代表机构或者有权接受送达的分支机构、业务代办人送达； 　　（六）受送达人所在国的法律允许邮寄送达的，可以邮寄送达，自邮寄之日起满三个月，送达回证没有退回，但根据各种情况足以认定已经送达的，期间届满之日视为送达；	**第五百三十五条**　外国人或者外国企业、组织的代表人、主要负责人在中华人民共和国领域内的，人民法院可以向该自然人或者外国企业、组织的代表人、主要负责人送达。 　　外国企业、组织的主要负责人包括该企业、组织的董事、监事、高级管理人员等。 　　**第五百三十六条**　受送达人所在国允许邮寄送达的，人民法院可以邮寄送达。 　　邮寄送达时应当附有送达回证。受送达人未在送达回证上签收但在邮件回执上签收的，视为送达，签收日期为送达日期。 　　自邮寄之日起满三个月，如果未收到送达的证明文件，且根据各种情况不足以认定已经送达的，视为不能用邮寄方式送达。	

中华人民共和国民事诉讼法	最高人民法院关于适用《中华人民共和国民事诉讼法》的解释	人民检察院民事诉讼监督规则（试行）
（七）采用传真、电子邮件等能够确认受送达人收悉的方式送达； （八）不能用上述方式送达的，公告送达，自公告之日起满三个月，即视为送达。 　　**第二百六十八条**　被告在中华人民共和国领域内没有住所的，人民法院应当将起诉状副本送达被告，并通知被告在收到起诉状副本后三十日内提出答辩状。被告申请延期的，是否准许，由人民法院决定。 　　**第二百六十九条**　在中华人民共和国领域内没有住所的当事人，不服第一审人民法院判决、裁定的，有权在判决书、裁定书送达之日起三十日内提起上诉。被上诉人在收到上诉状副本后，应当在三十日内提出答辩状。当事人不能在法定期间提起上诉或者提出答辩状，申请延期的，是否准许，由人民法院决定。	**第五百三十四条**　对在中华人民共和国领域内没有住所的当事人，经用公告方式送达诉讼文书，公告期满不应诉，人民法院缺席判决后，仍应当将裁判文书依照民事诉讼法第二百六十七条第八项规定公告送达。自公告送达裁判文书满三个月之日起，经过三十日的上诉期当事人没有上诉的，一审判决即发生法律效力。 　　**第五百三十八条**　不服第一审人民法院判决、裁定的上诉期，对在中华人民共和国领域内有住所的当事人，适用民事诉讼法第一百六十四条规定的期限；对在中华人民共和国领域内没有住所的当事人，适用民事诉讼法第二百六十九条规定的期限。当事人的上诉期均已届满没有上诉的，第一审人民法院的判决、裁定即发生法律效力。 　　**第五百三十七条**　人民法院一审时采取公告方式向当事人送达诉讼文书的，二审时可径行采取公告方式向其送达诉讼文书，但人民法院能够采取公告方式之外的其他方式送达的除外。	

中华人民共和国民事诉讼法	最高人民法院关于适用《中华人民共和国民事诉讼法》的解释	人民检察院民事诉讼监督规则（试行）
第二百七十条　人民法院审理涉外民事案件的期间，不受本法第一百四十九条、第一百七十六条规定的限制。	第五百三十九条　人民法院对涉外民事案件的当事人申请再审进行审查的期间，不受民事诉讼法第二百零四条规定的限制。	
第二十六章　仲裁		
第二百七十一条　涉外经济贸易、运输和海事中发生的纠纷，当事人在合同中订有仲裁条款或者事后达成书面仲裁协议，提交中华人民共和国涉外仲裁机构或者其他仲裁机构仲裁的，当事人不得向人民法院起诉。 　　当事人在合同中没有订有仲裁条款或者事后没有达成书面仲裁协议的，可以向人民法院起诉。 　　第二百七十二条　当事人申请采取保全的，中华人民共和国的涉外仲裁机构应当将当事人的申请，提交被申请人住所地或者财产所在地的中级人民法院裁定。	第五百四十二条　依照民事诉讼法第二百七十二条规定，中华人民共和国涉外仲裁机构将当事人的保全申请提交人民法院裁定的，人民法院可以进行审查，裁定是否进行保全。裁定保全的，应当责令申请人提供担保，申请人不提供担保的，裁定驳回申请。 　　当事人申请证据保全，人民法院经审查认为无需提供担保的，申请人可以不提供担保。	

中华人民共和国民事诉讼法	最高人民法院关于适用《中华人民共和国民事诉讼法》的解释	人民检察院民事诉讼监督规则（试行）
第二百七十三条 经中华人民共和国涉外仲裁机构裁决的，当事人不得向人民法院起诉。一方当事人不履行仲裁裁决的，对方当事人可以向被申请人住所地或者财产所在地的中级人民法院申请执行。	**第五百四十条** 申请人向人民法院申请执行中华人民共和国涉外仲裁机构的裁决，应当提出书面申请，并附裁决书正本。如申请人为外国当事人，其申请书应当用中文文本提出。	
第二百七十四条 对中华人民共和国涉外仲裁机构作出的裁决，被申请人提出证据证明仲裁裁决有下列情形之一的，经人民法院组成合议庭审查核实，裁定不予执行： （一）当事人在合同中没有订有仲裁条款或者事后没有达成书面仲裁协议的； （二）被申请人没有得到指定仲裁员或者进行仲裁程序的通知，或者由于其他不属于被申请人负责的原因未能陈述意见的； （三）仲裁庭的组成或者仲裁的程序与仲裁规则不符的； （四）裁决的事项不属于仲裁协议的范围或者仲裁机构无权仲裁的。 人民法院认定执行该裁决违背社会公共利益的，裁定不予执行。	**第五百四十一条** 人民法院强制执行涉外仲裁机构的仲裁裁决时，被执行人以有民事诉讼法第二百七十四条第一款规定的情形为由提出抗辩的，人民法院应当对被执行人的抗辩进行审查，并根据审查结果裁定执行或者不予执行。	

中华人民共和国民事诉讼法	最高人民法院关于适用《中华人民共和国民事诉讼法》的解释	人民检察院民事诉讼监督规则（试行）
第二百七十五条 仲裁裁决被人民法院裁定不予执行的，当事人可以根据双方达成的书面仲裁协议重新申请仲裁，也可以向人民法院起诉。		
第二十七章 司法协助		
第二百七十六条 根据中华人民共和国缔结或者参加的国际条约，或者按照互惠原则，人民法院和外国法院可以相互请求，代为送达文书、调查取证以及进行其他诉讼行为。 外国法院请求协助的事项有损于中华人民共和国的主权、安全或者社会公共利益的，人民法院不予执行。 **第二百七十七条** 请求和提供司法协助，应当依照中华人民共和国缔结或者参加的国际条约所规定的途径进行；没有条约关系的，通过外交途径进行。 外国驻中华人民共和国的使领馆可以向该国公民送达文书和调查取证，但不得违反中华人民共和国的法律，并不得采取强制措施。 除前款规定的情况外，未经中华人民共和国主管机关准许，任何外国机关或者个人不得在中华人民共和国领域内送达文书、调查取证。 **第二百七十八条** 外国法院请求人民法院提供司法协助的请求书及其所附文件，应当附有中文译本或者国际条约规定的其他文字文本。	**第五百四十九条** 与中华人民共和国没有司法协助条约又无互惠关系的国家的法院，未通过外交途径，直接请求人民法院提供司法协助的，人民法院应予退回，并说明理由。 **第五百五十条** 当事人在中华人民共和国领域外使用中华人民共和国法院的判决书、裁定书，要求中华人民共和国法院证明其法律效力的，或者外国法院要求中华人民共和国法院证明判决书、裁定书的法律效力的，作出判决、裁定的中华人民共和国法院，可以本法院的名义出具证明。	

中华人民共和国民事诉讼法	最高人民法院关于适用《中华人民共和国民事诉讼法》的解释	人民检察院民事诉讼监督规则（试行）
人民法院请求外国法院提供司法协助的请求书及其所附文件，应当附有该国文字译本或者国际条约规定的其他文字文本。 　　**第二百七十九条**　人民法院提供司法协助，依照中华人民共和国法律规定的程序进行。外国法院请求采用特殊方式的，也可以按照其请求的特殊方式进行，但请求采用的特殊方式不得违反中华人民共和国法律。 　　**第二百八十条**　人民法院作出的发生法律效力的判决、裁定，如果被执行人或者其财产不在中华人民共和国领域内，当事人请求执行的，可以由当事人直接向有管辖权的外国法院申请承认和执行，也可以由人民法院依照中华人民共和国缔结或者参加的国际条约的规定，或者按照互惠原则，请求外国法院承认和执行。 　　中华人民共和国涉外仲裁机构作出的发生法律效力的仲裁裁决，当事人请求执行的，如果被执行人或者其财产不在中华人民共和国领域内，应当由当事人直接向有管辖权的外国法院申请承认和执行。 　　**第二百八十一条**　外国法院作出的发生法律效力的判决、裁定，需要中华人民共和国人民法院承认和执行的，可以由当事人直接向中华人民共和国有管辖权的中级人民法院申请承认和执行，也可以由外国法院依照该国与中华人民共和国缔结或者参加的国际条约的规定，或者按照互惠原则，请求人民法院承认和执行。	**第五百四十三条**　申请人向人民法院申请承认和执行外国法院作出的发生法律效力的判决、裁定，应当提交申请书，并附外国法院作出的发生法律效力的判决、裁定正本或者经证明无误的副本以及中文译本。外国法院判决、裁定为缺席判决、裁定的，申请人应当同时提交该外国法院已经合法传唤的证明文件，但判决、裁定已经对此予以明确说明的除外。 　　中华人民共和国缔结或者参加的国际条约对提交文件有规定的，按照规定办理。 　　**第五百四十四条**　当事人向中华人民共和国有管辖权的中级人民法院申请承认和执行外国法院作出的发生法律效力的判决、裁定的，如果该法院所在国与中华人民共和国没有缔结或者共同参加国际条约，也没有互惠关系的，裁定驳回申请，但当事人向人民法院申请承认外国法院作出的发生法律效力的离婚判决的除外。 　　承认和执行申请被裁定驳回的，当事人可以向人民法院起诉。	

中华人民共和国民事诉讼法	最高人民法院关于适用《中华人民共和国民事诉讼法》的解释	人民检察院民事诉讼监督规则（试行）
第二百八十二条　人民法院对申请或者请求承认和执行的外国法院作出的发生法律效力的判决、裁定，依照中华人民共和国缔结或者参加的国际条约，或者按照互惠原则进行审查后，认为不违反中华人民共和国法律的基本原则或者国家主权、安全、社会公共利益的，裁定承认其效力，需要执行的，发出执行令，依照本法的有关规定执行。违反中华人民共和国法律的基本原则或者国家主权、安全、社会公共利益的，不予承认和执行。	第五百四十五条　对临时仲裁庭在中华人民共和国领域外作出的仲裁裁决，一方当事人向人民法院申请承认和执行的，人民法院应当依照民事诉讼法第二百八十三条规定处理。 　　第五百四十六条　对外国法院作出的发生法律效力的判决、裁定或者外国仲裁裁决，需要中华人民共和国法院执行的，当事人应当先向人民法院申请承认。人民法院经审查，裁定承认后，再根据民事诉讼法第三编的规定予以执行。 　　当事人仅申请承认而未同时申请执行的，人民法院仅对应否承认进行审查并作出裁定。 　　第五百四十七条　当事人申请承认和执行外国法院作出的发生法律效力的判决、裁定或者外国仲裁裁决的期间，适用民事诉讼法第二百三十九条的规定。 　　当事人仅申请承认而未同时申请执行的，申请执行的期间自人民法院对承认申请作出的裁定生效之日起重新计算。 　　第五百四十八条　承认和执行外国法院作出的发生法律效力的判决、裁定或者外国仲裁裁决的案件，人民法院应当组成合议庭进行审查。 　　人民法院应当将申请书送达被申请人。被申请人可以陈述意见。 　　人民法院经审查作出的裁定，一经送达即发生法律效力。	

中华人民共和国民事诉讼法	最高人民法院关于适用《中华人民共和国民事诉讼法》的解释	人民检察院民事诉讼监督规则（试行）
	第五百五十一条 人民法院审理涉及香港、澳门特别行政区和台湾地区的民事诉讼案件，可以参照适用涉外民事诉讼程序的特别规定。	
第二百八十三条 国外仲裁机构的裁决，需要中华人民共和国人民法院承认和执行的，应当由当事人直接向被执行人住所地或者其财产所在地的中级人民法院申请，人民法院应当依照中华人民共和国缔结或者参加的国际条约，或者按照互惠原则办理。		
		第九章 案件管理
		第一百零五条 人民检察院案件管理部门对民事诉讼监督案件实行流程监控、案后评查、统计分析、信息查询、综合考评等，对办案期限、办案程序、办案质量等进行管理、监督、预警。 **第一百零六条** 民事检察部门在办理案件过程中有下列情形之一的，应当在作出决定之日起三日内到本院案件管理部门登记： （一）决定中止和恢复审查的； （二）决定终结审查的。 **第一百零七条** 案件管理部门发现本院办案部门或者办案人员在办理民事诉讼监督案件中有下列情形之一的，应当及时提出纠正意见： （一）法律文书使用不当或存在明显错漏的；

中华人民共和国民事诉讼法	最高人民法院关于适用《中华人民共和国民事诉讼法》的解释	人民检察院民事诉讼监督规则（试行）
		（二）无正当理由超过法定的办案期限未办结案件的；
		（三）侵害当事人、诉讼代理人诉讼权利的；
		（四）未依法对民事审判活动以及执行活动中的违法行为履行法律监督职责的；
		（五）其他违反规定办理案件的情形。
		具有前款规定的情形但情节轻微的，可以向办案部门或者办案人员进行口头提示；情节较重的，应当向办案部门发送《案件流程监控通知书》，提示办案部门及时查明情况并予以纠正；情节严重的，应当向办案部门发送《案件流程监控通知书》，并向检察长报告。
		办案部门收到《案件流程监控通知书》后，应当在五日内将核查情况书面回复案件管理部门。
		第一百零八条 案件管理部门对以本院名义制发的民事诉讼监督法律文书实施监督管理。
		第一百零九条 人民检察院办理的民事诉讼监督案件，办结后需要向其他单位移送案卷材料的，统一由案件管理部门审核移送材料是否规范、齐备。案件管理部门认为材料规范、齐备，符合移送条件的，应当立即由有关部门按照相关规定移送；认为材料不符合要求的，应当及时通知办案部门补送、更正。

中华人民共和国民事诉讼法	最高人民法院关于适用《中华人民共和国民事诉讼法》的解释	人民检察院民事诉讼监督规则（试行）
		第一百一十条 人民法院向人民检察院送达的民事判决书、裁定书或者调解书等法律文书，由案件管理部门负责接收，并即时登记移送民事检察部门。 **第一百一十一条** 人民检察院在办理民事诉讼监督案件过程中，当事人及其诉讼代理人提出有关申请、要求或者提交有关书面材料的，由案件管理部门负责接收，需要出具相关手续的，案件管理部门应当出具。案件管理部门接收材料后应当及时移送民事检察部门。
	二十三、附则	第十一章 附则
第二百八十四条 本法自公布之日起施行，《中华人民共和国民事诉讼法（试行）》同时废止。	**第五百五十二条** 本解释公布施行后，最高人民法院于1992年7月14日发布的《关于适用〈中华人民共和国民事诉讼法〉若干问题的意见》同时废止；最高人民法院以前发布的司法解释与本解释不一致的，不再适用。	**第一百二十四条** 本规则自发布之日起施行。本院之前公布的其他规定与本规则内容不一致的，以本规则为准。

附录一　最高人民法院关于人民法院登记立案若干问题的规定

（2015 年 4 月 13 日最高人民法院审判委员会第 1647 次会议通过）

法释〔2015〕8 号

中华人民共和国最高人民法院
公　告

《最高人民法院关于人民法院登记立案若干问题的规定》已于 2015 年 4 月 13 日由最高人民法院审判委员会第 1647 次会议通过，现予公布，自 2015 年 5 月 1 日起施行。

最高人民法院

2015 年 4 月 15 日

为保护公民、法人和其他组织依法行使诉权，实现人民法院依法、及时受理案件，根据《中华人民共和国民事诉讼法》《中华人民共和国行政诉讼法》《中华人民共和国刑事诉讼法》等法律规定，制定本规定。

第一条　人民法院对依法应该受理的一审民事起诉、行政起诉和刑事自诉，实行立案登记制。

第二条　对起诉、自诉，人民法院应当一律接收诉状，出具书面凭证并注明收到日期。

对符合法律规定的起诉、自诉，人民法院应当当场予以登记立案。

对不符合法律规定的起诉、自诉，人民法院应当予以释明。

第三条　人民法院应当提供诉状样本，为当事人书写诉状提供示范和指引。

当事人书写诉状确有困难的，可以口头提出，由人民法院记入笔录。符合法律规定的，予以登记立案。

第四条 民事起诉状应当记明以下事项：

（一）原告的姓名、性别、年龄、民族、职业、工作单位、住所、联系方式，法人或者其他组织的名称、住所和法定代表人或者主要负责人的姓名、职务、联系方式；

（二）被告的姓名、性别、工作单位、住所等信息，法人或者其他组织的名称、住所等信息；

（三）诉讼请求和所根据的事实与理由；

（四）证据和证据来源；

（五）有证人的，载明证人姓名和住所。

行政起诉状参照民事起诉状书写。

第五条 刑事自诉状应当记明以下事项：

（一）自诉人或者代为告诉人、被告人的姓名、性别、年龄、民族、文化程度、职业、工作单位、住址、联系方式；

（二）被告人实施犯罪的时间、地点、手段、情节和危害后果等；

（三）具体的诉讼请求；

（四）致送的人民法院和具状时间；

（五）证据的名称、来源等；

（六）有证人的，载明证人的姓名、住所、联系方式等。

第六条 当事人提出起诉、自诉的，应当提交以下材料：

（一）起诉人、自诉人是自然人的，提交身份证明复印件；起诉人、自诉人是法人或者其他组织的，提交营业执照或者组织机构代码证复印件、法定代表人或者主要负责人身份证明书；法人或者其他组织不能提供组织机构代码的，应当提供组织机构被注销的情况说明；

（二）委托起诉或者代为告诉的，应当提交授权委托书、代理人身份证明、代为告诉人身份证明等相关材料；

（三）具体明确的足以使被告或者被告人与他人相区别的姓名或者名称、住所等信息；

（四）起诉状原本和与被告或者被告人及其他当事人人数相符的副本；

（五）与诉请相关的证据或者证明材料。

第七条　当事人提交的诉状和材料不符合要求的，人民法院应当一次性书面告知在指定期限内补正。

当事人在指定期限内补正的，人民法院决定是否立案的期间，自收到补正材料之日起计算。

当事人在指定期限内没有补正的，退回诉状并记录在册；坚持起诉、自诉的，裁定或者决定不予受理、不予立案。

经补正仍不符合要求的，裁定或者决定不予受理、不予立案。

第八条　对当事人提出的起诉、自诉，人民法院当场不能判定是否符合法律规定的，应当作出以下处理：

（一）对民事、行政起诉，应当在收到起诉状之日起七日内决定是否立案；

（二）对刑事自诉，应当在收到自诉状次日起十五日内决定是否立案；

（三）对第三人撤销之诉，应当在收到起诉状之日起三十日内决定是否立案；

（四）对执行异议之诉，应当在收到起诉状之日起十五日内决定是否立案。

人民法院在法定期间内不能判定起诉、自诉是否符合法律规定的，应当先行立案。

第九条　人民法院对起诉、自诉不予受理或者不予立案的，应当出具书面裁定或者决定，并载明理由。

第十条　人民法院对下列起诉、自诉不予登记立案：

（一）违法起诉或者不符合法律规定的；

（二）涉及危害国家主权和领土完整的；

（三）危害国家安全的；

（四）破坏国家统一和民族团结的；

（五）破坏国家宗教政策的；

（六）所诉事项不属于人民法院主管的。

第十一条　登记立案后，当事人未在法定期限内交纳诉讼费的，按撤诉处理，但符合法律规定的缓、减、免交诉讼费条件的除外。

第十二条　登记立案后，人民法院立案庭应当及时将案件移送审判庭审理。

第十三条　对立案工作中存在的不接收诉状、接收诉状后不出具书面凭证，不一次性告知当事人补正诉状内容，以及有案不立、拖延立案、干扰立案、既不立案又不作出裁定或者决定等违法违纪情形，当事人可以向受诉人民法院或者上级人民法院投诉。

人民法院应当在受理投诉之日起十五日内，查明事实，并将情况反馈当事人。发现违法违纪行为的，依法依纪追究相关人员责任；构成犯罪的，依法追究刑事责任。

第十四条 为方便当事人行使诉权，人民法院提供网上立案、预约立案、巡回立案等诉讼服务。

第十五条 人民法院推动多元化纠纷解决机制建设，尊重当事人选择人民调解、行政调解、行业调解、仲裁等多种方式维护权益，化解纠纷。

第十六条 人民法院依法维护登记立案秩序，推进诉讼诚信建设。对干扰立案秩序、虚假诉讼的，根据民事诉讼法、行政诉讼法有关规定予以罚款、拘留；构成犯罪的，依法追究刑事责任。

第十七条 本规定的"起诉"，是指当事人提起民事、行政诉讼；"自诉"，是指当事人提起刑事自诉。

第十八条 强制执行和国家赔偿申请登记立案工作，按照本规定执行。

上诉、申请再审、刑事申诉、执行复议和国家赔偿申诉案件立案工作，不适用本规定。

第十九条 人民法庭登记立案工作，按照本规定执行。

第二十条 本规定自 2015 年 5 月 1 日起施行。以前有关立案的规定与本规定不一致的，按照本规定执行。

附录二　最高人民法院关于调整高级人民法院和中级人民法院管辖第一审民商事案件标准的通知

法发〔2015〕7号

各省、自治区、直辖市高级人民法院，解放军军事法院，新疆维吾尔自治区高级人民法院生产建设兵团分院：

为适应经济社会发展和民事诉讼需要，准确适用修改后的民事诉讼法关于级别管辖的相关规定，合理定位四级法院民商事审判职能，现就调整高级人民法院和中级人民法院管辖第一审民商事案件标准问题，通知如下：

一、当事人住所地均在受理法院所处省级行政辖区的第一审民商事案件

北京、上海、江苏、浙江、广东高级人民法院，管辖诉讼标的额5亿元以上一审民商事案件，所辖中级人民法院管辖诉讼标的额1亿元以上一审民商事案件。

天津、河北、山西、内蒙古、辽宁、安徽、福建、山东、河南、湖北、湖南、广西、海南、四川、重庆高级人民法院，管辖诉讼标的额3亿元以上一审民商事案件，所辖中级人民法院管辖诉讼标的额3000万元以上一审民商事案件。

吉林、黑龙江、江西、云南、陕西、新疆高级人民法院和新疆生产建设兵团分院，管辖诉讼标的额2亿元以上一审民商事案件，所辖中级人民法院管辖诉讼标的额1000万元以上一审民商事案件。

贵州、西藏、甘肃、青海、宁夏高级人民法院，管辖诉讼标的额1亿元以上一审民商事案件，所辖中级人民法院管辖诉讼标的额500万元以上一审民商事案件。

二、当事人一方住所地不在受理法院所处省级行政辖区的第一审民商事案件

北京、上海、江苏、浙江、广东高级人民法院，管辖诉讼标的额3亿元以上一审民商事案件，所辖中级人民法院管辖诉讼标的额5000万元以上一审民商事案件。

天津、河北、山西、内蒙古、辽宁、安徽、福建、山东、河南、湖北、湖南、广西、海南、四川、重庆高级人民法院，管辖诉讼标的额1亿元以上一审民商事案件，所辖中级人民法院管辖诉讼标的额2000万元以上一审民商事案件。

吉林、黑龙江、江西、云南、陕西、新疆高级人民法院和新疆生产建设兵团分院，管辖诉讼标的额 5000 万元以上一审民商事案件，所辖中级人民法院管辖诉讼标的额 1000 万元以上一审民商事案件。

贵州、西藏、甘肃、青海、宁夏高级人民法院，管辖诉讼标的额 2000 万元以上一审民商事案件，所辖中级人民法院管辖诉讼标的额 500 万元以上一审民商事案件。

三、解放军军事法院管辖诉讼标的额 1 亿元以上一审民商事案件，大单位军事法院管辖诉讼标的额 2000 万元以上一审民商事案件。

四、婚姻、继承、家庭、物业服务、人身损害赔偿、名誉权、交通事故、劳动争议等案件，以及群体性纠纷案件，一般由基层人民法院管辖。

五、对重大疑难、新类型和在适用法律上有普遍意义的案件，可以依照民事诉讼法第三十八条的规定，由上级人民法院自行决定由其审理，或者根据下级人民法院报请决定由其审理。

六、本通知调整的级别管辖标准不涉及知识产权案件、海事海商案件和涉外涉港澳台民商事案件。

七、本通知规定的第一审民商事案件标准，包含本数。

本通知自 2015 年 5 月 1 日起实施，执行过程中遇到的问题，请及时报告我院。

最高人民法院

2015 年 4 月 30 日

附录三　最高人民法院关于民事审判监督程序严格依法适用指令再审和发回重审若干问题的规定

（2015 年 2 月 2 日最高人民法院审判委员会第 1643 次会议通过）

法释〔2015〕7 号

《最高人民法院关于民事审判监督程序严格依法适用指令再审和发回重审若干问题的规定》已于 2015 年 2 月 2 日由最高人民法院审判委员会第 1643 次会议通过，现予公布，自 2015 年 3 月 15 日起施行。

最高人民法院

2015 年 2 月 16 日

为了及时有效维护各方当事人的合法权益，维护司法公正，进一步规范民事案件指令再审和再审发回重审，提高审判监督质量和效率，根据《中华人民共和国民事诉讼法》，结合审判实际，制定本规定。

第一条　上级人民法院应当严格依照民事诉讼法第二百条等规定审查当事人的再审申请，符合法定条件的，裁定再审。不得因指令再审而降低再审启动标准，也不得因当事人反复申诉将依法不应当再审的案件指令下级人民法院再审。

第二条　因当事人申请裁定再审的案件一般应当由裁定再审的人民法院审理。有下列情形之一的，最高人民法院、高级人民法院可以指令原审人民法院再审：

（一）依据民事诉讼法第二百条第（四）项、第（五）项或者第（九）项裁定再审的；

（二）发生法律效力的判决、裁定、调解书是由第一审法院作出的；

（三）当事人一方人数众多或者当事人双方为公民的；

（四）经审判委员会讨论决定的其他情形。

人民检察院提出抗诉的案件,由接受抗诉的人民法院审理,具有民事诉讼法第二百条第(一)至第(五)项规定情形之一的,可以指令原审人民法院再审。

人民法院依据民事诉讼法第一百九十八条第二款裁定再审的,应当提审。

第三条 虽然符合本规定第二条可以指令再审的条件,但有下列情形之一的,应当提审:

(一)原判决、裁定系经原审人民法院再审审理后作出的;

(二)原判决、裁定系经原审人民法院审判委员会讨论作出的;

(三)原审审判人员在审理该案件时有贪污受贿,徇私舞弊,枉法裁判行为的;

(四)原审人民法院对该案无再审管辖权的;

(五)需要统一法律适用或裁量权行使标准的;

(六)其他不宜指令原审人民法院再审的情形。

第四条 人民法院按照第二审程序审理再审案件,发现原判决认定基本事实不清的,一般应当通过庭审认定事实后依法作出判决。但原审人民法院未对基本事实进行过审理的,可以裁定撤销原判决,发回重审。原判决认定事实错误的,上级人民法院不得以基本事实不清为由裁定发回重审。

第五条 人民法院按照第二审程序审理再审案件,发现第一审人民法院有下列严重违反法定程序情形之一的,可以依照民事诉讼法第一百七十条第一款第(四)项的规定,裁定撤销原判决,发回第一审人民法院重审:

(一)原判决遗漏必须参加诉讼的当事人的;

(二)无诉讼行为能力人未经法定代理人代为诉讼,或者应当参加诉讼的当事人,因不能归责于本人或者其诉讼代理人的事由,未参加诉讼的;

(三)未经合法传唤缺席判决,或者违反法律规定剥夺当事人辩论权利的;

(四)审判组织的组成不合法或者依法应当回避的审判人员没有回避的;

(五)原判决、裁定遗漏诉讼请求的。

第六条 上级人民法院裁定指令再审、发回重审的,应当在裁定书中阐明指令再审或者发回重审的具体理由。

第七条 再审案件应当围绕申请人的再审请求进行审理和裁判。对方当事人在再审庭审辩论终结前也提出再审请求的,应一并审理和裁判。当事人的再审请求超出原审诉讼请求的不予审理，构成另案诉讼的应告知当事人可以提起新的诉讼。

第八条 再审发回重审的案件，应当围绕当事人原诉讼请求进行审理。当事人申请变更、增加诉讼请求和提出反诉的，按照《最高人民法院关于适用〈中华人民共和国民事诉讼法〉的解释》第二百五十二条的规定审查决定是否准许。当事人变更其在原审中的诉讼主张、质证及辩论意见的，应说明理由并提交相应的证据，理由不成立或证据不充分的，人民法院不予支持。

第九条 各级人民法院对民事案件指令再审和再审发回重审的审判行为，应当严格遵守本规定。违反本规定的，应当依照相关规定追究有关人员的责任。

第十条 最高人民法院以前发布的司法解释与本规定不一致的，不再适用。

附录四　最高人民法院、最高人民检察院印发《关于民事执行活动法律监督若干问题的规定》的通知

法发〔2016〕30号

各省、自治区、直辖市高级人民法院、人民检察院,军事法院、军事检察院,新疆维吾尔自治区高级人民法院生产建设兵团分院、新疆生产建设兵团人民检察院:

为促进人民法院依法执行,规范人民检察院民事执行法律监督活动,根据《中华人民共和国民事诉讼法》和其他有关法律规定,最高人民法院、最高人民检察院联合制定了《关于民事执行活动法律监督若干问题的规定》。现予印发,请认真贯彻执行。对执行中遇到的问题,请分别及时报告最高人民法院执行局和最高人民检察院民事行政检察厅。

最高人民法院
最高人民检察院
2016 年 11 月 2 日

关于民事执行活动法律监督若干问题的规定

为促进人民法院依法执行,规范人民检察院民事执行法律监督活动,根据《中华人民共和国民事诉讼法》和其他有关法律规定,结合人民法院民事执行和人民检察院民事执行法律监督工作实际,制定本规定。

第一条　人民检察院依法对民事执行活动实施法律监督。人民法院依法接受人民检察院的法律监督。

第二条　人民检察院办理民事执行监督案件,应当以事实为依据,以法律为准绳,坚持公开、公平、公正和诚实信用原则,尊重和保障当事人的诉讼权利,监督和支持人民法院依法行使执行权。

第三条　人民检察院对人民法院执行生效民事判决、裁定、调解书、支付令、仲裁裁决以及公证债权文书等法律文书的活动实施法律监督。

第四条　对民事执行活动的监督案件，由执行法院所在地同级人民检察院管辖。

上级人民检察院认为确有必要的，可以办理下级人民检察院管辖的民事执行监督案件。下级人民检察院对有管辖权的民事执行监督案件，认为需要上级人民检察院办理的，可以报请上级人民检察院办理。

第五条　当事人、利害关系人、案外人认为人民法院的民事执行活动存在违法情形向人民检察院申请监督，应当提交监督申请书、身份证明、相关法律文书及证据材料。提交证据材料的，应当附证据清单。

申请监督材料不齐备的，人民检察院应当要求申请人限期补齐，并明确告知应补齐的全部材料。申请人逾期未补齐的，视为撤回监督申请。

第六条　当事人、利害关系人、案外人认为民事执行活动存在违法情形，向人民检察院申请监督，法律规定可以提出异议、复议或者提起诉讼，当事人、利害关系人、案外人没有提出异议、申请复议或者提起诉讼的，人民检察院不予受理，但有正当理由的除外。

当事人、利害关系人、案外人已经向人民法院提出执行异议或者申请复议，人民法院审查异议、复议期间，当事人、利害关系人、案外人又向人民检察院申请监督的，人民检察院不予受理，但申请对人民法院的异议、复议程序进行监督的除外。

第七条　具有下列情形之一的民事执行案件，人民检察院应当依职权进行监督：

（一）损害国家利益或者社会公共利益的；

（二）执行人员在执行该案时有贪污受贿、徇私舞弊、枉法执行等违法行为、司法机关已经立案的；

（三）造成重大社会影响的；

（四）需要跟进监督的。

第八条　人民检察院因办理监督案件的需要，依照有关规定可以调阅人民法院的执行卷宗，人民法院应当予以配合。

通过拷贝电子卷、查阅、复制、摘录等方式能够满足办案需要的，不调阅卷宗。

人民检察院调阅人民法院卷宗，由人民法院办公室（厅）负责办理，并在五日内提供，因特殊情况不能按时提供的，应当向人民检察院说明理由，并在情况消除后及时提供。

人民法院正在办理或者已结案尚未归档的案件，人民检察院办理民事执行监督案件时可以直接到办理部门查阅、复制、拷贝、摘录案件材料，不调阅卷宗。

第九条　人民检察院因履行法律监督职责的需要，可以向当事人或者案外人调查核实有关情况。

第十条　人民检察院认为人民法院在民事执行活动中可能存在怠于履行职责情形的，可以向人民法院书面了解相关情况，人民法院应当说明案件的执行情况及理由，并在十五日内书面回复人民检察院。

第十一条　人民检察院向人民法院提出民事执行监督检察建议，应当经检察长批准或者检察委员会决定，制作检察建议书，在决定之日起十五日内将检察建议书连同案件卷宗移送同级人民法院。

检察建议书应当载明检察机关查明的事实、监督理由、依据以及建议内容等。

第十二条　人民检察院提出的民事执行监督检察建议，统一由同级人民法院立案受理。

第十三条　人民法院收到人民检察院的检察建议书后，应当在三个月内将审查处理情况以回复意见函的形式回复人民检察院，并附裁定、决定等相关法律文书。有特殊情况需要延长的，经本院院长批准，可以延长一个月。

回复意见函应当载明人民法院查明的事实、回复意见和理由并加盖院章。不采纳检察建议的，应当说明理由。

第十四条　人民法院收到检察建议后逾期未回复或者处理结果不当的，提出检察建议的人民检察院可以依职权提请上一级人民检察院向其同级人民法院提出检察建议。上一级人民检察院认为应当跟进监督的，应当向其同级人民法院提出检察建议。人民法院应当在三个月内提出审查处理意见并以回复意见函的形式回复人民检察院，认为人民检察院的意见正确的，应当监督下级人民法院及时纠正。

第十五条　当事人在人民检察院审查案件过程中达成和解协议且不违反法律规定的，人民检察院应当告知其将和解协议送交人民法院，由人民法院依照民事诉讼法第二百三十条的规定进行处理。

第十六条　当事人、利害关系人、案外人申请监督的案件，人民检察院认为人民法院民事执行活动不存在违法情形的，应当作出不支持监督申请的决定，在决定之日起十五日内制作不支持监督申请决定书，发送申请人，并做好释法说理工作。

人民检察院办理依职权监督的案件，认为人民法院民事执行活动不存在违法情形的，应当作出终结审查决定。

第十七条　人民法院认为检察监督行为违反法律规定的，可以向人民检察院提出书面建议。人民检察院应当在收到书面建议后三个月内作出处理并将处理情况书面回复人民法院；人民法院对于人民检察院的回复有异议的，可以通过上一级人民法院向上一级人民检察院提出。上一级人民检察院认为人民法院建议正确的，应当要求下级人民检察院及时纠正。

第十八条　有关国家机关不依法履行生效法律文书确定的执行义务或者协助执行义务的，人民检察院可以向相关国家机关提出检察建议。

第十九条　人民检察院民事检察部门在办案中发现被执行人涉嫌构成拒不执行判决、裁定罪且公安机关不予立案侦查的，应当移送侦查监督部门处理。

第二十条　人民法院、人民检察院应当建立完善沟通联系机制，密切配合，互相支持，促进民事执行法律监督工作依法有序稳妥开展。

第二十一条　人民检察院对人民法院行政执行活动实施法律监督，行政诉讼法及有关司法解释没有规定的，参照本规定执行。

第二十二条　本规定自 2017 年 1 月 1 日起施行。

附录五　最高人民法院关于人民法院办理财产保全案件若干问题的规定

法释〔2016〕22号

中华人民共和国最高人民法院
公　告

《最高人民法院关于人民法院办理财产保全案件若干问题的规定》已于 2016 年 10 月 17 日由最高人民法院审判委员会第 1696 次会议通过，现予公布，自 2016 年 12 月 1 日起施行。

最高人民法院

2016 年 11 月 7 日

为依法保护当事人、利害关系人的合法权益，规范人民法院办理财产保全案件，根据《中华人民共和国民事诉讼法》等法律规定，结合审判、执行实践，制定本规定。

第一条　当事人、利害关系人申请财产保全，应当向人民法院提交申请书，并提供相关证据材料。

申请书应当载明下列事项：

（一）申请保全人与被保全人的身份、送达地址、联系方式；

（二）请求事项和所根据的事实与理由；

（三）请求保全数额或者争议标的；

（四）明确的被保全财产信息或者具体的被保全财产线索；

（五）为财产保全提供担保的财产信息或资信证明，或者不需要提供担保的理由；

（六）其他需要载明的事项。

法律文书生效后，进入执行程序前，债权人申请财产保全的，应当写明生效法律文书的制作机关、文号和主要内容，并附生效法律文书副本。

第二条 人民法院进行财产保全，由立案、审判机构作出裁定，一般应当移送执行机构实施。

第三条 仲裁过程中，当事人申请财产保全的，应当通过仲裁机构向人民法院提交申请书及仲裁案件受理通知书等相关材料。人民法院裁定采取保全措施或者裁定驳回申请的，应当将裁定书送达当事人，并通知仲裁机构。

第四条 人民法院接受财产保全申请后，应当在五日内作出裁定；需要提供担保的，应当在提供担保后五日内作出裁定；裁定采取保全措施的，应当在五日内开始执行。对情况紧急的，必须在四十八小时内作出裁定；裁定采取保全措施的，应当立即开始执行。

第五条 人民法院依照民事诉讼法第一百条规定责令申请保全人提供财产保全担保的，担保数额不超过请求保全数额的百分之三十；申请保全的财产系争议标的的，担保数额不超过争议标的价值的百分之三十。

利害关系人申请诉前财产保全的，应当提供相当于请求保全数额的担保；情况特殊的，人民法院可以酌情处理。

财产保全期间，申请保全人提供的担保不足以赔偿可能给被保全人造成的损失的，人民法院可以责令其追加相应的担保；拒不追加的，可以裁定解除或者部分解除保全。

第六条 申请保全人或第三人为财产保全提供财产担保的，应当向人民法院出具担保书。担保书应当载明担保人、担保方式、担保范围、担保财产及其价值、担保责任承担等内容，并附相关证据材料。

第三人为财产保全提供保证担保的，应当向人民法院提交保证书。保证书应当载明保证人、保证方式、保证范围、保证责任承担等内容，并附相关证据材料。

对财产保全担保，人民法院经审查，认为违反物权法、担保法、公司法等有关法律禁止性规定的，应当责令申请保全人在指定期限内提供其他担保；逾期未提供的，裁定驳回申请。

第七条 保险人以其与申请保全人签订财产保全责任险合同的方式为财产保全提供担保的，应当向人民法院出具担保书。

担保书应当载明，因申请财产保全错误，由保险人赔偿被保全人因保全所遭受的损失等内容，并附相关证据材料。

第八条 金融监管部门批准设立的金融机构以独立保函形式为财产保全提供担保的，人民法院应当依法准许。

第九条 当事人在诉讼中申请财产保全，有下列情形之一的，人民法院可以不要求提供担保：

（一）追索赡养费、扶养费、抚育费、抚恤金、医疗费用、劳动报酬、工伤赔偿、交通事故人身损害赔偿的；

（二）婚姻家庭纠纷案件中遭遇家庭暴力且经济困难的；

（三）人民检察院提起的公益诉讼涉及损害赔偿的；

（四）因见义勇为遭受侵害请求损害赔偿的；

（五）案件事实清楚、权利义务关系明确，发生保全错误可能性较小的；

（六）申请保全人为商业银行、保险公司等由金融监管部门批准设立的具有独立偿付债务能力的金融机构及其分支机构的。

法律文书生效后，进入执行程序前，债权人申请财产保全的，人民法院可以不要求提供担保。

第十条 当事人、利害关系人申请财产保全，应当向人民法院提供明确的被保全财产信息。

当事人在诉讼中申请财产保全，确因客观原因不能提供明确的被保全财产信息，但提供了具体财产线索的，人民法院可以依法裁定采取财产保全措施。

第十一条 人民法院依照本规定第十条第二款规定作出保全裁定的，在该裁定执行过程中，申请保全人可以向已经建立网络执行查控系统的执行法院，书面申请通过该系统查询被保全人的财产。

申请保全人提出查询申请的，执行法院可以利用网络执行查控系统，对裁定保全的财产或者保全数额范围内的财产进行查询，并采取相应的查封、扣押、冻结措施。

人民法院利用网络执行查控系统未查询到可供保全财产的，应当书面告知申请保全人。

第十二条 人民法院对查询到的被保全人财产信息，应当依法保密。除依法保全的财产外，不得泄露被保全人其他财产信息，也不得在财产保全、强制执行以外使用相关信息。

第十三条 被保全人有多项财产可供保全的，在能够实现保全目的的情况下，人民法院应当选择对其生产经营活动影响较小的财产进行保全。

人民法院对厂房、机器设备等生产经营性财产进行保全时，指定被保全人保管的，应当允许其继续使用。

第十四条　被保全财产系机动车、航空器等特殊动产的，除被保全人下落不明的以外，人民法院应当责令被保全人书面报告该动产的权属和占有、使用等情况，并予以核实。

第十五条　人民法院应当依据财产保全裁定采取相应的查封、扣押、冻结措施。

可供保全的土地、房屋等不动产的整体价值明显高于保全裁定载明金额的，人民法院应当对该不动产的相应价值部分采取查封、扣押、冻结措施，但该不动产在使用上不可分或者分割会严重减损其价值的除外。

对银行账户内资金采取冻结措施的，人民法院应当明确具体的冻结数额。

第十六条　人民法院在财产保全中采取查封、扣押、冻结措施，需要有关单位协助办理登记手续的，有关单位应当在裁定书和协助执行通知书送达后立即办理。针对同一财产有多个裁定书和协助执行通知书的，应当按照送达的时间先后办理登记手续。

第十七条　利害关系人申请诉前财产保全，在人民法院采取保全措施后三十日内依法提起诉讼或者申请仲裁的，诉前财产保全措施自动转为诉讼或仲裁中的保全措施；进入执行程序后，保全措施自动转为执行中的查封、扣押、冻结措施。

依前款规定，自动转为诉讼、仲裁中的保全措施或者执行中的查封、扣押、冻结措施的，期限连续计算，人民法院无需重新制作裁定书。

第十八条　申请保全人申请续行财产保全的，应当在保全期限届满七日前向人民法院提出；逾期申请或者不申请的，自行承担不能续行保全的法律后果。

人民法院进行财产保全时，应当书面告知申请保全人明确的保全期限届满日以及前款有关申请续行保全的事项。

第十九条　再审审查期间，债务人申请保全生效法律文书确定给付的财产的，人民法院不予受理。

再审审理期间，原生效法律文书中止执行，当事人申请财产保全的，人民法院应当受理。

第二十条　财产保全期间，被保全人请求对被保全财产自行处分，人民法院经审查，认为不损害申请保全人和其他执行债权人合法权益的，可以准许，但应当监督被保全人按照合理价格在指定期限内处分，并控制相应价款。

被保全人请求对作为争议标的的被保全财产自行处分的，须经申请保全人同意。

人民法院准许被保全人自行处分被保全财产的，应当通知申请保全人；申请保全人不同意的，可以依照民事诉讼法第二百二十五条规定提出异议。

第二十一条 保全法院在首先采取查封、扣押、冻结措施后超过一年未对被保全财产进行处分的，除被保全财产系争议标的外，在先轮候查封、扣押、冻结的执行法院可以商请保全法院将被保全财产移送执行。但司法解释另有特别规定的，适用其规定。

保全法院与在先轮候查封、扣押、冻结的执行法院就移送被保全财产发生争议的，可以逐级报请共同的上级法院指定该财产的执行法院。

共同的上级法院应当根据被保全财产的种类及所在地、各债权数额与被保全财产价值之间的关系等案件具体情况指定执行法院，并督促其在指定期限内处分被保全财产。

第二十二条 财产纠纷案件，被保全人或第三人提供充分有效担保请求解除保全，人民法院应当裁定准许。被保全人请求对作为争议标的的财产解除保全的，须经申请保全人同意。

第二十三条 人民法院采取财产保全措施后，有下列情形之一的，申请保全人应当及时申请解除保全：

（一）采取诉前财产保全措施后三十日内不依法提起诉讼或者申请仲裁的；

（二）仲裁机构不予受理仲裁申请、准许撤回仲裁申请或者按撤回仲裁申请处理的；

（三）仲裁申请或者请求被仲裁裁决驳回的；

（四）其他人民法院对起诉不予受理、准许撤诉或者按撤诉处理的；

（五）起诉或者诉讼请求被其他人民法院生效裁判驳回的；

（六）申请保全人应当申请解除保全的其他情形。

人民法院收到解除保全申请后，应当在五日内裁定解除保全；对情况紧急的，必须在四十八小时内裁定解除保全。

申请保全人未及时申请人民法院解除保全，应当赔偿被保全人因财产保全所遭受的损失。

被保全人申请解除保全，人民法院经审查认为符合法律规定的，应当在本条第二款规定的期间内裁定解除保全。

第二十四条　财产保全裁定执行中，人民法院发现保全裁定的内容与被保全财产的实际情况不符的，应当予以撤销、变更或补正。

第二十五条　申请保全人、被保全人对保全裁定或者驳回申请裁定不服的，可以自裁定书送达之日起五日内向作出裁定的人民法院申请复议一次。人民法院应当自收到复议申请后十日内审查。

对保全裁定不服申请复议的，人民法院经审查，理由成立的，裁定撤销或变更；理由不成立的，裁定驳回。

对驳回申请裁定不服申请复议的，人民法院经审查，理由成立的，裁定撤销，并采取保全措施；理由不成立的，裁定驳回。

第二十六条　申请保全人、被保全人、利害关系人认为保全裁定实施过程中的执行行为违反法律规定提出书面异议的，人民法院应当依照民事诉讼法第二百二十五条规定审查处理。

第二十七条　人民法院对诉讼争议标的以外的财产进行保全，案外人对保全裁定或者保全裁定实施过程中的执行行为不服，基于实体权利对被保全财产提出书面异议的，人民法院应当依照民事诉讼法第二百二十七条规定审查处理并作出裁定。案外人、申请保全人对该裁定不服的，可以自裁定送达之日起十五日内向人民法院提起执行异议之诉。

人民法院裁定案外人异议成立后，申请保全人在法律规定的期间内未提起执行异议之诉的，人民法院应当自起诉期限届满之日起七日内对该被保全财产解除保全。

第二十八条　海事诉讼中，海事请求人申请海事请求保全，适用《中华人民共和国海事诉讼特别程序法》及相关司法解释。

第二十九条　本规定自 2016 年 12 月 1 日起施行。

本规定施行前公布的司法解释与本规定不一致的，以本规定为准。

附录六　全国人民代表大会常务委员会关于修改《中华人民共和国民事诉讼法》的决定

（2017 年 6 月 27 日第十二届全国人民代表大会常务委员会第二十八次会议通过）

第十二届全国人民代表大会常务委员会第二十八次会议决定：

一、对《中华人民共和国民事诉讼法》作出修改

第五十五条增加一款，作为第二款："人民检察院在履行职责中发现破坏生态环境和资源保护、食品药品安全领域侵害众多消费者合法权益等损害社会公共利益的行为，在没有前款规定的机关和组织或者前款规定的机关和组织不提起诉讼的情况下，可以向人民法院提起诉讼。前款规定的机关或者组织提起诉讼的，人民检察院可以支持起诉。"

本决定自 2017 年 7 月 1 日起施行。

后 记

从今年春节开始着手成书，至七一前一切就绪，这期间虽然很累，心脏"戴上了帽子"，但是不惑之年还是满开心的。世界上从来没有一件事是一个因素促成的。感谢中国检察出版社的倾力推出，感谢李健主任的大力支持，感谢责编王伟雪的细心、劳心和爱心，才有了本系列丛书的美好形象和问世。

十分荣幸的是，裴显鼎兄的竭诚鼓励，何家弘老师的亲切助序，使得这几本拙著跃然生色。

在短短几个月的具体出炉劳动中，我的诸多至交、同学，给了我人生中最为宝贵的信任！请理解我，不能一一列明。

我深信，我的这一拙著会让你在日久的辛勤工作后产生超值享受，个中体会，不可言传。

再次致谢！

宋云超

二〇一七年七月六日